LanCom
Language & Communication

KB276190

대치동 기적의 **중학영어** 영단어 1800 1단계

발행일   **2025년 9월 20일 1쇄 발행**

지은이   더 좋은 교육연구소
발행인   손건
편집기획   김상배, 장수경
마케팅   최관호, 김재명
디자인   보스코
제작   최승용
인쇄   선경프린테크

발행처   랭컴
주소   서울시 영등포구 영등포동 4가 146-5
등록번호   312-2006-00060
도서구입문의   전화 02-2636-0895   팩스 02-2636-0896

©랭컴 2025
ISBN   **979-11-7142-092-6   53740**

대치동, 기적의 중학영어

하루 20단어, 20문장씩
이미지로 연상하고 듣고 따라하면서 학습하는
가장 확실하고, 놀라운 실력향상 프로그램

영단어 1800

세상에 없던 대한민국 유일의 주니어용
쉐도잉 & 딕테이션 영단어 교재

VOCABULARY LEVEL 1
AGE 7-15

정말, 놀라운 대치동 기적의 중학영어 3 STEP 반복 훈련법이
적용된 주니어 필수교재!

LanCom
Language & Communication

국제학교 학생들만큼 영어를 잘하게 만들어 주는, 대치동 기적의 **3 STEP** 학습법과 훈련법이 적용된
대치동 기적의 속진선행 영재교육 프로그램 안내

대치동 기적의 영재교육
속진선행 PROGRAM

대상 단계	속진선행 영재교육	수월성 선행교육	평준화 현행교육
고등 대기고 3단계 8권	초등 5, 6학년 때 완성	중학 1, 2, 3학년 때 완성	고등 1, 2, 3학년 때 완성
중학 대기중 3단계 8권	초등 3, 4학년 때 완성	초등 4, 5, 6학년 때 완성	중학 1, 2, 3학년 때 완성
초등 대기초 6단계 14권	초등 1, 2학년 때 완성	초등 1, 2, 3학년 때 완성	초등 1, 2, 3, 4, 5, 6학년 때 완성

*대치동 기적의 초등영어, 중학영어, 고등영어 시리즈는 대치동 기적의
속진선행 영재교육 PROGRAM에서 사용하는 핵심 교재입니다.

*대치동 기적의 초등영어, 중학영어, 고등영어 시리즈의 핵심 공부법은
QR 찍고 따라하기 입니다. QR 찍고 따라만 해도 기적이 일어납니다!

대치동 기적의 초등영어
LEVEL CHART

Book Level	대기초 영단어 1800	대기초 통문장 1800	내용
총정리 워크북			국제학교 학생들만큼 영어를 잘하게 만들어 주는 대치동 기적의 초등영어
6단계			커리큘럼은 총정리 워크북을 포함해 전체 14권 6단계로 구성되어 있습니다.
5단계			먼저 대기초 영단어 1단계와 대기초 통문장 1단계를 한 달에 끝내세요. 한 달에 2권씩 6개월 안에 6단계의 대기초
4단계			시리즈를 끝냅니다. 이후 바로 대치동 기적의 중학영어 커리큘럼을 순서대로 공부해 나가면 됩니다.
3단계			
2단계			
1단계			

국제학교 학생들만큼 영어를 잘하게 만들어 주는, 대치동 기적의 3 STEP 학습법과 훈련법이 적용된
대치동 기적의 초등영어, 중학영어, 고등영어 시리즈 안내

대치동 기적의 중학영어
LEVEL CHART

Book Level	대기중 영단어 1800	대기중 통문장 1800	내용
총정리 워크북			대치동 기적의 중학영어 커리큘럼은 총정리 워크북을 포함해 전체 8권 3단계로 구성되어 있습니다. 먼저 대기중 영단어 1단계와 대기중 통문장 1단계를 한 달에 끝내세요, 한 달에 2권씩 3개월 안에 3단계의 대기중 시리즈를 끝내고 대치동 기적의 고등영어 커리큘럼을 순서대로 공부해 나가면 됩니다.
3단계			
2단계			
1단계			

*국제학교 학생들의 수준이 되기 위해서는 대기중 공부 시기에 사이먼 미국교과서 100에서 900까지를 병행해 완성해야 합니다!

대치동 기적의 고등영어
LEVEL CHART

Book Level	대기고 영단어 1800	대기고 통문장 1800	내용
총정리 워크북			대치동 기적의 고등영어 커리큘럼은 총정리 워크북을 포함해 전체 8권 3단계로 구성되어 있습니다. 먼저 대기고 영단어 1단계와 대기고 통문장 1단계를 한 달에 끝내세요, 한 달에 2권씩 3개월 안에 3단계의 대기고 시리즈를 끝내고 본격적인 수능영어 모의고사 문제 풀이를 시작하면 됩니다.
3단계			
2단계			
1단계			

*국제학교 학생들의 수준이 되기 위해서는 대기고 공부 시기에 사이먼 미국교과서 1000에서 1800까지를 병행해 완성해야 합니다!

미국 영국 캐나다 호주 독일 프랑스 이탈리아 일본 인도 학생들이 공부하는 세계 최고의 주니어 영어교육 프로그램
사이먼 미국교과서 시리즈 안내

Dr. Simon's Magic English Series
LEVEL CHART

Book Level	Subject			USA Grade in School	Typical Age
1800 1700 1600	Technology Series			Grade 6 (Non-native Grade 8-9) 대치동 기준 중학 2, 3학년부터	
1500 1400 1300	Social Science Series			Grade 5 (Non-native Grade 7-8) 대치동 기준 중학 1, 2학년부터	Age 10-12 (Non-native Age 13-15)
1200 1100 1000	Science Series			Grade 4 (Non-native Grade 6-7) 대치동 기준 초중 6, 1학년부터	
900 800 700	History Series			Grade 3 (Non-native Grade 5-6) 대치동 기준 초등 5, 6학년부터	
600 500 400	Biography Series			Grade 2 (Non-native Grade 4-5) 대치동 기준 초등 4, 5학년부터	Age 7-9 (Non-native Age 10-12)
300 200 100	Literature Series			Grade 1 (Non-native Grade 3-4) 대치동 기준 초등 3, 4학년부터	

***CORRELATED TO USA CURRENT STATE STANDARDS**

*시리즈 전체 **18권**을 끝내게 되면 **TOEFL READING**과 **LISTENING** 섹션의 만점과
대한민국 수능영어 절대 **1등급**의 영어실력 달성이 가능합니다.

VOCA 100-900		**VOCABULARY BOOK 100-900** 사이먼 미국교과서 **100**에서 **900**까지의 어휘를 총정리한 영영 사전식 단어장 겸 테스트 북
VOCA 1000-1800		**VOCABULARY BOOK 1000-1800** 사이먼 미국교과서 **1000**에서 **1800**까지의 어휘를 총정리한 영영 사전식 단어장 겸 테스트 북

첨단기술 시리즈

기술적인 문해력 향상과 디지털 시민성 개발, 창의적인 문제 해결능력과 혁신력 발전, 직업적인 진로 방향성 인식과 미래 직업 시장에 대한 이해, 윤리적인 기술의 사용과 기술의 사회적 영향에 대한 이해를 목적으로 하는 시리즈

사회과학 시리즈

사회적인 현상과 인간관계에 대한 이해, 세계 문화의 이해와 다양성 인식, 시민의식과 공동체 참여의식 향상, 현재와 미래 사회 변화에 대한 이해, 분쟁의 해결능력과 비판적 사고능력의 발달을 목적으로 하는 시리즈

과학 시리즈

탐구적인 태도와 호기심 개발, 문제 해결능력과 비판적 사고능력 발달, 과학적 사고와 관련된 기술과 지식 습득, 인간의 신체와 자연과 환경에 대한 이해와 지속 가능성 인식, 미래 직업적 가능성과 **STEM** 분야에 대한 이해를 목적으로 하는 시리즈

역사 시리즈

역사인식과 시대상황의 이해, 문화적인 다양성 인정과 세계 시민성 강화, 과거의 실수로부터 배우는 교훈과 상식 습득, 시간과 사건의 원인·결과 관계 이해, 역사적인 연속성 속에서 자아 정체성 구축을 목적으로 하는 시리즈

인물전기 시리즈

인류를 이끈 위대한 위인들의 소개, 영감을 주는 역사적 롤 모델의 제시, 도덕적 가치와 성찰의 중요성 인식, 인내와 끈기와 근성의 가치 습득, 역사적인 인물들이 인류사회에 끼친 사회적 영향력 이해를 목적으로 하는 시리즈

문학 시리즈

문학적 지식의 향상과 언어 기술의 개발, 인간의 경험과 감정에 대한 이해, 비판적 사고와 분석력 개발, 창의적인 사고와 상상력 발달을 목적으로 하는 시리즈

5회 반복 표제어 **QR**　　5회 반복 예문 **QR**

DAY 01

30 days

PREVIEW A 다음 단어의 뜻을 한국어로 써보세요.

☐ abandon	☐ accept
☐ ability	☐ access
☐ aboard	☐ accident
☐ abroad	☐ accompany
☐ absence	☐ accomplish
☐ absolute	☐ account
☐ absorb	☐ accurate
☐ abstract	☐ accuse
☐ academic	☐ achieve
☐ accent	☐ acid

PREVIEW B 사진을 보고 알맞은 영어 단어를 **PREVIEW A** 에서 찾아 써보세요.

0001 ☐☐☐

abandon
[əˈbændən]

v 버리다, 단념하다, 포기하다

= desert, forsake, give up, relinquish, discard
+ **abandonment** **n** 포기, 유기 **abandoned** **a** 버려진, 유기된

Q: Why did you abandon the plan? 그 계획을 왜 포기했나요?

A: ....

0002 ☐☐☐

ability
[əˈbɪləti]

n 능력

= capacity, capability, skill, talent, aptitude
+ **able** **a** ~할 수 있는, 유능한 **ably** **adv** 능숙하게, 솜씨 있게 **disability** **n** 장애, 무능력

Q: Do you think you have the ability? 당신에게 그럴 능력이 있다고 생각하나요?

A: ....

0003 ☐☐☐

aboard
[əˈbɔːrd]

prep ~에 타고   **adv** ~을 타고

= on board, on, within
+ **go aboard a ship** (배를) 타다

Q: Is everyone aboard the bus now? 지금 모두 버스에 탔나요?

A: ....

0004 ☐☐☐

abroad
[əˈbrɔːd]

adv 해외로   **n** 해외

= overseas, internationally
+ **food imports from abroad** 해외에서 들여온 수입 식품들

Q: Have you ever traveled abroad? 해외여행을 가본 적이 있나요?

A: ....

0005 ☐☐☐

absence
[æbsəns]

n 부재, 결석

= nonattendance, omission, lack
+ **absent** **a** 결석한, 없는 **absently** **adv** 멍하니, 얼빠진 듯이

Q: Did you notice her absence today? 오늘 그녀가 결석한 것을 알아차렸나요?

A:

0006 ☐☐☐

absolute
['æbsəluːt]

a 절대적인

= complete, total, pure, utter, definite
+ **absoluteness** **n** 절대성　**absolutely** **adv** 절대적으로, 전적으로

Q: Is this your absolute final decision? 이게 당신의 진짜 최종 결정인가요?
A: ....

0007 ☐☐☐

absorb
[əbˈzɔːrb]

v 흡수하다

= soak up, take in, assimilate, engross
+ **absorption** **n** 흡수, 몰두　**absorbent** **a** 흡수성의　**absorbed** **a** 몰두한

Q: Can you absorb all this information? 이 모든 정보를 다 흡수할 수 있나요?
A: ....

0008 ☐☐☐

abstract
[æbstrækt]

a 추상적인

= theoretical, conceptual, non-representational, intangible
+ **abstraction** **n** 추상, 추상 개념　**abstractly** **adv** 추상적으로

Q: Isn't that idea too abstract? 그 아이디어는 너무 추상적이지 않나요?
A: ....

0009 ☐☐☐

academic
[ækəˈdemɪk]

a 학업의, 학문적인

= scholarly, intellectual, educational, collegiate
+ **academy** **n** 학술원, 사립학교　**academics** **n** 학문, 학업
　academically **adv** 학문적으로, 학구적으로

Q: Is this an academic question or not? 이것은 학술적인 질문인가요, 아닌가요?
A: ....

0010 ☐☐☐

accent
[æksent]

n 강세, 억양

= pronunciation, dialect, articulation, emphasis
+ **accented** **a** 강세가 있는, 특정 억양이 있는

Q: Can you hear my accent clearly? 제 억양이 선명하게 들리나요?
A: ....

0011 ☐☐☐

accept
[əkˈsept]

v 받아들이다

= receive, approve, acknowledge, consent to
+ **acceptance** **n** 수락, 승인 **acceptable** **a** 받아들일 수 있는
  acceptably **adv** 받아들일 수 있을 정도로

Q: Are you ready to accept the offer? 그 제안을 받아들일 준비가 되었나요?

A: ....

0012 ☐☐☐

access
[ˈækses]

n 접근 **v** 접근하다

= entry, admission, approach, obtain, gain
+ **accessible** **a** 접근 가능한 **accessibility** **n** 접근성

Q: Do you have access to the file? 그 파일에 접근할 접근 권한이 있나요?

A: ....

0013 ☐☐☐

accident
[ˈæksɪdənt]

n 사고

= mishap, incident, collision, casualty
+ **accidental** **a** 우연한, 뜻밖의 **accidentally** **adv** 우연히, 뜻밖에

Q: Was it really just an accident? 그것이 정말 단순한 사고였나요?

A: ....

0014 ☐☐☐

accompany
[əˈkʌmpəni]

v 동반하다

= escort, go with, attend, join
+ **accompaniment** **n** 반주, 동반 **companion** **n** 동반자

Q: Can I accompany you to the meeting? 회의에 동행해도 될까요?

A: ....

0015 ☐☐☐

accomplish
[əˈkɑːmplɪʃ]

v 성취하다

= achieve, complete, fulfill, attain, execute
+ **accomplishment** **n** 성취, 업적 **accomplished** **a** 뛰어난, 숙달된

Q: How did you accomplish that goal? 그 목표를 어떻게 달성했나요?

A: ....

0016 ☐☐☐

account
[əˈkaʊnt]

n 계좌, 설명 **v** 설명하다

= record, report, narrative, explanation, calculate
+ **accountant** n 회계사 **accounting** n 회계 **accountability** n 책임
accountable a 책임이 있는

Q: Do you still use that account? 아직도 그 계정을 사용하나요?

A: ....

0017 ☐☐☐

accurate
[ækjərət]

a 정확한

= correct, precise, exact, true, factual
+ **accuracy** n 정확성 **accurately** adv 정확하게 **inaccuracy** n 부정확성
inaccurate a 부정확한

Q: Is this information really accurate? 이 정보가 정말 정확한가요?

A: ....

0018 ☐☐☐

accuse
[əˈkjuːz]

v 비난하다, 고발하다

= charge, blame, indict, impeach
+ **accusation** n 비난, 고발 **accused** n 피고인
accuse A of B A가 B했다고 비난[고소]하다

Q: Why did she accuse you of lying? 그녀는 왜 당신이 거짓말했다고 비난했나요?

A: ....

0019 ☐☐☐

achieve
[əˈtʃiːv]

v 달성하다

= accomplish, attain, reach, succeed in
+ **achievement** n 성취, 달성 **achievable** a 달성 가능한

Q: How can I achieve better results? 어떻게 하면 더 좋은 결과를 얻을 수 있을까요?

A: ....

0020 ☐☐☐

acid
[æsɪd]

n 산(酸) **a** 신맛의

= sharp, sour, corrosive, bitter
+ **acidic** a 산성의 **acidity** n 산성

Q: Is that acid safe to touch? 저 산(酸)은 만져도 안전한가요?

A: ....

DAY 01 | DICTATION TEST

5회 반복 예문 QR

DICTATION **TEST** 예문 **QR**을 듣고 다음 빈칸에 올바른 단어를 쓰세요.

1. Why did you _______________ the plan?

2. Do you think you have the _______________?

3. Is everyone _______________ the bus now?

4. Have you ever traveled _______________?

5. Did you notice her _______________ today?

6. Is this your _______________ final decision?

7. Can you _______________ all this information?

8. Isn't that idea too _______________?

9. Is this an _______________ question or not?

10. Can you hear my _______________ clearly?

11. Are you ready to _______________ the offer?

12. Do you have _______________ to the file?

13. Was it really just an _______________?

14. Can I _______________ you to the meeting?

15. How did you _______________ that goal?

16. Do you still use that _______________?

17. Is this information really _______________?

18. Why did she _______________ you of lying?

19. How can I _______________ better results?

20. Is that _______________ safe to touch?

5회 반복 표제어 QR 5회 반복 예문 QR

DAY 02
30 days

PREVIEW A — 다음 단어의 뜻을 한국어로 써보세요.

□ acquire	□ admission
□ activate	□ admit
□ active	□ adolescent
□ adapt	□ adopt
□ addicted	□ advance
□ addition	□ advantage
□ address	□ advertise
□ adequate	□ advise
□ adjust	□ advocate
□ admire	□ affect

PREVIEW B — 사진을 보고 알맞은 영어 단어를 PREVIEW A 에서 찾아 써보세요.

0021 ☐☐☐

acquire
[əˈkwaɪər]

v 얻다, 획득하다

= obtain, get, gain, procure, attain
+ **acquisition** n 획득, 인수 **acquirable** a 획득 가능한

Q: How did you acquire that skill? 그 기술을 어떻게 습득했나요?

A: ____

0022 ☐☐☐

activate
[ˈæktɪveɪt]

v 활성화하다

= start, trigger, initiate, enable, energize
+ **activation** n 활성화 **active** a 활동적인

Q: Did you activate the new card? 새 카드를 활성화했나요?

A: ____

0023 ☐☐☐

active
[ˈæktɪv]

a 활동적인

= energetic, lively, busy, engaged, vibrant
+ **activity** n 활동 **activation** n 활성화 **activate** v 활성화하다 **actively** adv 적극적으로

Q: Are you still active in that club? 아직도 그 동아리에서 활동하고 있나요?

A: ____

0024 ☐☐☐

adapt
[əˈdæpt]

v 적응하다

= adjust, modify, conform, acclimatize
+ **adaptation** n 적응, 각색 **adaptable** a 적응할 수 있는 **adaptive** a 적응하는

Q: Can you adapt to new situations easily? 새로운 상황에 쉽게 적응할 수 있나요?

A: ____

0025 ☐☐☐

addicted
[əˈdɪktɪd]

a 중독된

= dependent, hooked, devoted to, obsessed
+ **addiction** n 중독 **addict** v 중독 시키다

Q: Are you addicted to your phone? 휴대전화에 중독됐나요?

A: ____

0026 ☐☐☐

addition
[əˈdɪʃn]

n 추가, 덧셈

= supplement, extra, increase, increment
+ **add** **v** 더하다, 추가하다 **additional** **a** 추가적인 **additionally** **adv** 추가적으로

Q: Is this a new addition to the team? 이 분이 팀에 새로 추가된 인원인가요?

A: ....

0027 ☐☐☐

address
[ˈædres] **n** [əˈdres] **v**

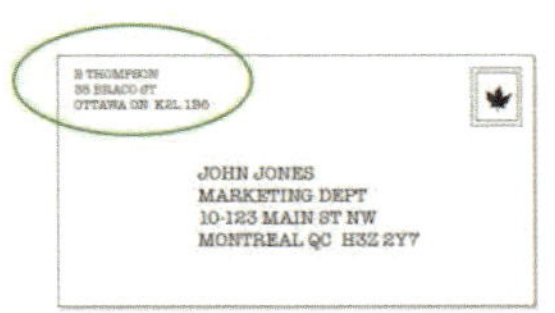

n 주소 **v** 연설하다, 다루다

= speak to, direct, handle, tackle, residence
+ **addresser** **n** 연설자, 주소 기입자 **addressed** **a** 주소가 기입된

Q: Did you address the issue properly? 그 문제를 제대로 처리했나요?

A: ....

0028 ☐☐☐

adequate
[ˈædɪkwət]

a 충분한, 적절한

= sufficient, enough, satisfactory, ample
+ **adequacy** **n** 적절성, 충분함 **adequately** **adv** 적절하게, 충분히 **inadequate** **a** 부적절한

Q: Do you think that's adequate enough? 그것만으로도 충분하다고 생각하나요?

A: ....

0029 ☐☐☐

adjust
[əˈdʒʌst]

v 조절하다, 적응하다

= adapt, modify, alter, regulate, fine-tune
+ **adjustment** **n** 조정, 적응 **adjustable** **a** 조정 가능한

Q: Can you adjust the volume a bit? 볼륨을 약간 조절해 줄 수 있나요?

A: ....

0030 ☐☐☐

admire
[ədˈmaɪər]

v 존경하다, 감탄하다

= respect, esteem, look up to, appreciate
+ **admiration** **n** 감탄, 존경 **admirable** **a** 존경스러운, 감탄할 만한 **admirably** **adv** 훌륭하게

Q: Is there someone you admire deeply? 깊이 존경하는 사람이 있나요?

A: ....

0031 ☐☐☐

admission
[əd'mɪʃn]

n 입장, 인정

= **entry, access, acceptance, confession**
+ **admit** **v** 인정하다, 입장시키다

Q: Did you get your college admission? 대학 입학 허가를 받았나요?

A: ....

0032 ☐☐☐

admit
[əd'mɪt]

v 인정하다, 입장을 허락하다

= **confess, acknowledge, allow, concede**
+ **admission** **n** 입장, 인정　**admittedly** **adv** 솔직히, 인정하건대

Q: Why won't he admit his mistake? 그는 왜 자신의 실수를 인정하지 않나요?

A: ....

0033 ☐☐☐

adolescent
[ˌædəˈlesnt]

n 청소년

= **teenager, youth, young person**
+ **adolescence** **n** 청소년기

Q: Were you a moody adolescent too? 당신도 변덕스러운 청소년이었나요?

A: ....

0034 ☐☐☐

adopt
[əˈdɑːpt]

v 입양하다, 채택하다

= **embrace, take on, assume, foster, choose**
+ **adoption** **n** 입양, 채택　**adoptive** **a** 입양의

Q: Would you ever adopt a pet? 반려동물을 입양할 생각이 있나요?

A: ....

0035 ☐☐☐

advance
[əd'væns]

n 진보　**v** 전진하다

= **progress, move forward, promote, enhance**
+ **advancement** **n** 진보, 발전　**advanced** **a** 진보된, 선진의

Q: Did you pay in advance this time? 이번에는 선불로 결제했나요?

A: ....

0036 ☐☐☐

advantage
[əd'væntɪdʒ]

n 이점, 유리한 점

= **benefit, gain, superiority, edge**
+ **advantageous** **a** 유리한, 이로운 **disadvantage** **n** 불리한 점
  disadvantageous **a** 불리한 **take advantage of** ~을 이용해 먹다

Q: What's the advantage of this method? 이 방법의 장점은 무엇인가요?

A: ....

0037 ☐☐☐

advertise
['ædvərtaɪz]

v 광고하다

= **promote, publicize, market, plug**
+ **advertisement** **n** 광고 **advertising** **n** 광고업 **advertiser** **n** 광고주

Q: Where should we advertise our product? 우리 제품을 어디에 광고해야 할까요?

A: ....

0038 ☐☐☐

advise
[əd'vaɪz]

v 조언하다

= **recommend, suggest, counsel, guide**
+ **advice** **n** 조언 **adviser/advisor** **n** 고문, 조언자 **advisable** **a** 바람직한, 권할만한

Q: Can you advise me on this matter? 이 문제에 대해 조언해 줄 수 있나요?

A: ....

0039 ☐☐☐

advocate
['ædvəkət] **n** ['ædvəkeɪt] **v**

n 옹호자, 변호사 **v** 옹호하다

= **support, champion, recommend, proponent, lawyer, barrister**
+ **advocacy** **n** 옹호, 지지

Q: Do you advocate for women's rights? 여성의 권리를 지지하시나요?

A: ....

0040 ☐☐☐

affect
[ə'fekt]

v 영향을 미치다

= **influence, impact, alter, move, stir**
+ **affection** **n** 애정, 감정 **effect** **n** 영향, 결과 **affective** **a** 감정적인

Q: How did the policy change affect your company?
정책 변경이 당신의 회사에 어떤 영향을 주었나요?

A: ....

DAY 02 | DICTATION TEST

5회 반복 예문 QR

DICTATION **TEST** 예문 **QR**을 듣고 다음 빈칸에 올바른 단어를 쓰세요.

21. How did you _______________ that skill?

22. Did you _______________ the new card?

23. Are you still _______________ in that club?

24. Can you _______________ to new situations easily?

25. Are you _______________ to your phone?

26. Is this a new _______________ to the team?

27. Did you _______________ the issue properly?

28. Do you think that's _______________ enough?

29. Can you _______________ the volume a bit?

30. Is there someone you _______________ deeply?

31. Did you get your college _______________?

32. Why won't he _______________ his mistake?

33. Were you a moody _______________ too?

34. Would you ever _______________ a pet?

35. Did you pay in _______________ this time?

36. What's the _______________ of this method?

37. Where should we _______________ our product?

38. Can you _______________ me on this matter?

39. Do you _______________ for women's rights?

40. How did the policy change _______________ your company?

5회 반복 표제어 **QR**   5회 반복 예문 **QR**

DAY 03

30 days

PREVIEW A

다음 단어의 뜻을 한국어로 써보세요.

- ☐ afford ________________
- ☐ afterward ________________
- ☐ agent ________________
- ☐ aggressive ________________
- ☐ agriculture ________________
- ☐ aid ________________
- ☐ aim ________________
- ☐ aircraft ________________
- ☐ alike ________________
- ☐ aloud ________________

- ☐ alter ________________
- ☐ alternative ________________
- ☐ although ________________
- ☐ altitude ________________
- ☐ amaze ________________
- ☐ ambiguous ________________
- ☐ amount ________________
- ☐ amuse ________________
- ☐ amusement ________________
- ☐ analyze ________________

PREVIEW B

사진을 보고 알맞은 영어 단어를 **PREVIEW A** 에서 찾아 써보세요.

________________   ________________   ________________   ________________

0041 ☐☐☐

afford
[əˈfɔːrd]

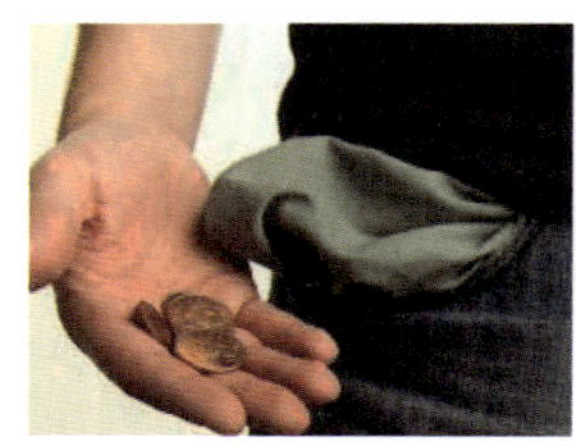

v ~할 여유가 있다

= be able to buy, bear the cost
+ **affordable** a 감당할 수 있는, 저렴한

Q: Can you really afford that car? 그 차를 살 여유가 정말 있나요?

A:

0042 ☐☐☐

afterward
[ˈæftərwərd]

adv 나중에, 그 뒤에

= later, subsequently, then, after
+ **afterwards** adv 나중에, 그 뒤에

Q: What did you do afterward? 그 후에 무엇을 했나요?

A:

0043 ☐☐☐

agent
[ˈeɪdʒənt]

n 대리인, 요원

= representative, delegate, operative, factor
+ **agency** n 대리점, 기관

Q: Haven't you spoken to your agent yet?
당신의 에이전트와 아직 이야기하지 않았나요?

A:

0044 ☐☐☐

aggressive
[əˈgresɪv]

a 공격적인

= hostile, assertive, offensive, forceful
+ **aggression** n 공격성 **aggressively** adv 공격적으로

Q: Isn't that a bit too aggressive? 그건 좀 너무 공격적이지 않나요?

A:

0045 ☐☐☐

agriculture
[ˈægrɪkʌltʃər]

n 농업

= farming, cultivation, husbandry
+ **agricultural** a 농업의 **agriculturist** n 농업 전문가

Q: Do you think agriculture is changing? 농업이 변하고 있다고 생각하나요?

A:

0046 □□□

aid
[eɪd]

n 도움　**v** 돕다

= **help, assist, support, relief, assistance**
+ **aide** **n** 보좌관　**aided** **a** 도움 받은

Q: Did they send medical aid on time? 그들이 의료 지원을 제시간에 보냈나요?

A: ______________________________

0047 □□□

aim
[eɪm]

n 목표　**v** 목표로 하다

= **goal, objective, target, purpose, intend**
+ **aimless** **a** 목표 없는

Q: What's your main aim right now? 지금 당신의 주된 목표는 무엇인가요?

A: ______________________________

0048 □□□

aircraft
[ˈeərkræft]

n 항공기

= **airplane, plane, helicopter, airliner**
+ **aircraft carrier** 항공모함

Q: Have you ever flown an aircraft? 항공기를 조종해 본 적이 있나요?

A: ______________________________

0049 □□□

alike
[əˈlaɪk]

a 비슷한　**adv** 비슷하게, 마찬가지로

= **similar, identical, equally, uniformly**
+ **share and share alike** 모두 똑같이 공평하게 분배하다

Q: Do they really look that alike? 그들이 정말 그렇게 닮았나요?

A: ______________________________

0050 □□□

aloud
[əˈlaʊd]

adv 소리 내어

= **audibly, out loud, verbally**
+ **read aloud** 낭독하다

Q: Can you read that part aloud? 그 부분을 소리 내어 읽어줄 수 있나요?

A: ______________________________

0051 ☐☐☐

alter
[ˈɔːltər]

v 변경하다

= change, modify, adjust, revise
+ **alteration** **n** 변화, 수정 **alterable** **a** 변경 가능한

Q: Did you alter your travel plans? 여행 계획을 변경했나요?

A:

0052 ☐☐☐

alternative
[ɔːlˈtɜːrnətɪv]

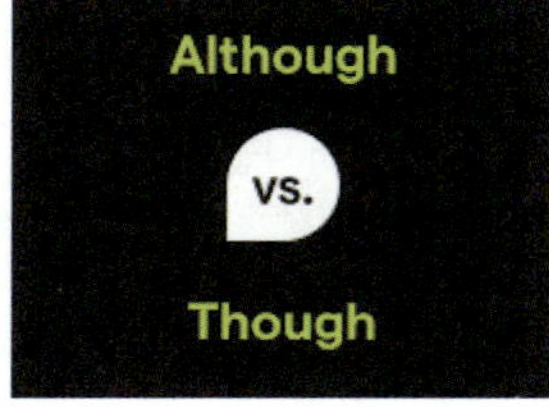

n 대안   **a** 대안의

= option, choice, substitute, different
+ **alternation** **n** 교대, 번갈아 일어남 **alternate** **v** 번갈아 하다
  alternatively **adv** 그렇지 않으면, 대안으로

Q: Is there a better alternative? 더 나은 대안이 있나요?

A:

0053 ☐☐☐

although
[ɔːlˈðoʊ]

conj 비록 ~일지라도

= though, even though, while, despite
+ **although greatly outnumbered** 솔직히 수는 적으나

Q: Although it's risky, will you try? 위험하긴 하지만, 시도해 볼 건가요?

A:

0054 ☐☐☐

altitude
[ˈæltɪtuːd]

n 고도

= height, elevation, aerial height
+ **altitude sickness** 고산병, 고공병

Q: Can you handle high altitudes well? 높은 고도를 잘 견딜 수 있나요?

A:

0055 ☐☐☐

amaze
[əˈmeɪz]

v 놀라게 하다

= astonish, astound, surprise, stun, impress
+ **amazement** **n** 놀람 **amazing** **a** 놀라운 **amazed** **a** 놀란 **amazingly** **adv** 놀랍게도

Q: Did her performance amaze you too? 그녀의 공연이 당신도 놀라게 했나요?

A:

0056 ☐☐☐

ambiguous
[æmˈbɪgjuəs]

a 애매모호한

= **vague, unclear, equivocal, uncertain**
+ **ambiguity** n 모호성 **ambiguously** adv 모호하게

Q: Isn't that answer kind of ambiguous? 그 대답은 약간 좀 모호하지 않나요?

A: ______________________________

0057 ☐☐☐

amount
[əˈmaʊnt]

n 양, 액수

= **quantity, sum, total, measure**
+ **a negligible amount** 무시해도 될 정도의 양

Q: What's the total amount you paid? 당신이 지불한 총액은 얼마인가요?

A: ______________________________

0058 ☐☐☐

amuse
[əˈmjuːz]

v 즐겁게 하다

= **entertain, divert, delight, charm**
+ **amusement** n 즐거움, 오락 **amusing** a 즐거운, 재미있는 **amused** a 재미있어 하는
amusingly adv 재미있게

Q: Does this kind of joke amuse you? 이런 종류의 농담이 당신을 즐겁게 하나요?

A: ______________________________

0059 ☐☐☐

amusement
[əˈmjuːzmənt]

n 즐거움, 오락

= **entertainment, recreation, fun, delight**
+ **amuse** v 즐겁게 하다 **amusing** a 즐거운, 재미있는 **amusement park** 놀이공원

Q: What kind of amusement do you enjoy? 어떤 종류의 오락을 즐기나요?

A: ______________________________

0060 ☐☐☐

analyze
[ˈænəlaɪz]

v 분석하다

= **examine, dissect, evaluate, interpret, study**
+ **analysis** n 분석 **analyst** n 분석가 **analytic/analytical** a 분석적인
analytically adv 분석적으로

Q: Did you analyze the results carefully? 결과를 주의 깊게 분석했나요?

A: ______________________________

DAY 03 | DICTATION TEST

5회 반복 예문 QR

DICTATION TEST 예문 **QR**을 듣고 다음 빈칸에 올바른 단어를 쓰세요.

41. Can you really _______________ that car?

42. What did you do _______________?

43. Haven't you spoken to your _______________ yet?

44. Isn't that a bit too _______________?

45. Do you think _______________ is changing?

46. Did they send medical _______________ on time?

47. What's your main _______________ right now?

48. Have you ever flown an _______________?

49. Do they really look that _______________?

50. Can you read that part _______________?

51. Did you _______________ your travel plans?

52. Is there a better _______________?

53. _______________ it's risky, will you try?

54. Can you handle high _______________ well?

55. Did her performance _______________ you too?

56. Isn't that _______________ kind of ambiguous?

57. What's the total _______________ you paid?

58. Does this kind of joke _______________ you?

59. What kind of _______________ do you enjoy?

60. Did you _______________ the results carefully?

DAY 04

30 days

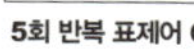

5회 반복 표제어 **QR** 5회 반복 예문 **QR**

PREVIEW A 다음 단어의 뜻을 한국어로 써보세요.

☐ **ancestor** ____________________ ☐ **antique** ____________________

☐ **ancient** ____________________ ☐ **anxiety** ____________________

☐ **angle** ____________________ ☐ **anxious** ____________________

☐ **anniversary** ____________________ ☐ **anytime** ____________________

☐ **announce** ____________________ ☐ **anyway** ____________________

☐ **announcer** ____________________ ☐ **apart** ____________________

☐ **annoy** ____________________ ☐ **apologize** ____________________

☐ **annual** ____________________ ☐ **apology** ____________________

☐ **anonymous** ____________________ ☐ **apparent** ____________________

☐ **anticipate** ____________________ ☐ **appeal** ____________________

PREVIEW B 사진을 보고 알맞은 영어 단어를 **PREVIEW A** 에서 찾아 써보세요.

____________________ ____________________ ____________________ ____________________

0061 ☐☐☐

ancestor
[ˈænsestər]

n 조상

= forefather, predecessor, progenitor
+ **ancestral** **a** 조상의

Q: Do you know much about your ancestors? 조상에 대해 많이 아시나요?

A: ______________

0062 ☐☐☐

ancient
[ˈeɪnʃənt]

a 고대의

= old, archaic, primeval, antique
+ **ancientness** **n** 오래됨 **antiquity** **n** 고대

Q: Have you seen any ancient ruins before? 이전에 고대 유적을 본 적이 있나요?

A: ______________

0063 ☐☐☐

angle
[ˈæŋgl]

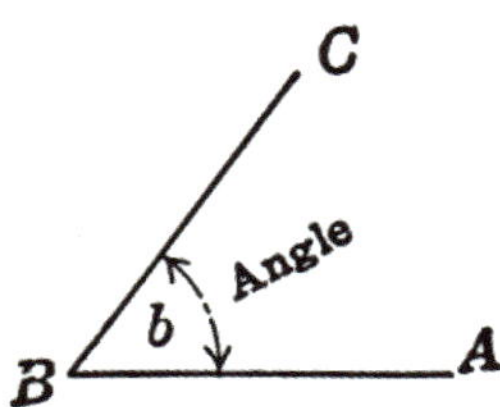

n 각도, 관점

= perspective, viewpoint, corner, inclination
+ **angular** **a** 각이 진

Q: What is the sum of the angles of a triangle?
삼각형의 내각의 합은 얼마인가요?

A: ______________

0064 ☐☐☐

anniversary
[ˌænɪˈvɜːrsəri]

n 기념일

= commemoration, yearly celebration
+ **wedding anniversary** 결혼기념일

Q: When's your wedding anniversary? 결혼기념일이 언제인가요?

A: ______________

0065 ☐☐☐

announce
[əˈnaʊns]

v 발표하다

= declare, state, proclaim, publicize
+ **announcement** **n** 발표 **announcer** **n** 아나운서, 발표자 **announced** **a** 발표된

Q: Did they announce the results? 그들이 결과를 발표했나요?

A: ______________

0066 ☐☐☐

announcer
[əˈnaʊnsər]

n 아나운서

= **broadcaster, commentator, presenter**
+ **announcement** n 발표 **announce** v 발표하다

Q: Who's the announcer for this game? 이 경기의 아나운서는 누구인가요?

A:

0067 ☐☐☐

annoy
[əˈnɔɪ]

v 짜증나게 하다

= **irritate, bother, vex, pester, exasperate**
+ **annoyance** n 짜증, 성가심 **annoying** a 짜증나는 **annoyed** a 짜증난
  annoyingly adv 성가시게

Q: Did something annoy you today? 오늘 뭔가 짜증나는 일이 있었나요?

A:

0068 ☐☐☐

annual
[ˈænjuəl]

a 연간의, 연례적인

= **yearly, once a year, every year**
+ **annually** adv 매년

Q: Do you attend the annual meeting? 연례 회의에 참석하시나요?

A:

0069 ☐☐☐

anonymous
[əˈnɑːnɪməs]

a 익명의, 이름을 밝히지 않는

= **unnamed, unknown, nameless, uncredited**
+ **anonymity** n 익명성 **anonymously** adv 익명으로

Q: Was the comment really anonymous? 그 댓글이 정말 익명이었나요?

A:

0070 ☐☐☐

anticipate
[ænˈtɪsɪpeɪt]

v 예상하다, 기대하다

= **expect, foresee, predict**
+ **anticipation** n 예상, 기대 **anticipatory** a 예상하는, 기대하는

Q: Did you anticipate that reaction? 그런 반응을 예상했나요?

A:

0071 ☐☐☐

antique
[ænˈtiːk]

n 골동품 **a** 골동품의

= vintage, relic, old, ancient
+ **antiquity** **n** 고대, 오래됨

Q: Is that an antique or a replica? 저것은 골동품인가요, 아니면 복제품인가요?

A: ______________________

0072 ☐☐☐

anxiety
[æŋˈzaɪəti]

n 불안, 걱정

= worry, apprehension, nervousness, unease, dread
+ **anxious** **a** 걱정하는, 불안한 **anxiously** **adv** 걱정스럽게

Q: Do you struggle with anxiety often? 불안감 때문에 자주 힘드신가요?

A: ______________________

0073 ☐☐☐

anxious
[ˈæŋkʃəs]

a 불안해하는, 열망하는

= worried, concerned, uneasy, eager
+ **anxiety** **n** 걱정, 불안 **anxiously** **adv** 걱정스럽게

Q: Are you feeling anxious about it? 그것 때문에 불안한가요?

A: ______________________

0074 ☐☐☐

anytime
[ˈeniˌtaɪm]

adv 언제든지

= whenever, at any time
+ **can be done anytime, anywhere** 언제 어디서나 할 수 있다

Q: Can I call you anytime? 언제든지 전화해도 되나요?

A: ______________________

0075 ☐☐☐

anyway
[ˈeniweɪ]

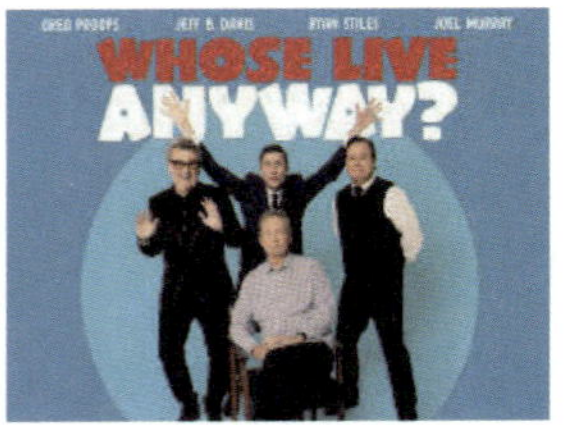

adv 어쨌든

= anyhow, regardless, in any case
+ **if you are anyway concerned** 어떻게든지 당신이 관계된다면

Q: Anyway, why did you go? 어쨌든 왜 갔나요?

A: ______________________

0076 ☐☐☐

apart
[əˈpɑːrt]

adv 떨어져서

= separately, aside, isolated, distant
+ **apart from** ~외에도[뿐만 아니라], ~외에는, ~을 제외하고

Q: **Have you ever lived apart from family?** 가족과 떨어져 살아본 적이 있나요?

A:

0077 ☐☐☐

apologize
[əˈpɑːlədʒaɪz]

v 사과하다

= say sorry, express regret, make amends
+ **apology** **n** 사과 **apologetic** **a** 사과하는 **apologetically** **adv** 사과하듯이

Q: **Did she ever apologize to you?** 그녀가 당신에게 사과한 적이 있나요?

A:

0078 ☐☐☐

apology
[əˈpɑːlədʒi]

n 사과

= excuse, regret, formal acknowledgment of fault
+ **apologize** **v** 사과하다 **apologetic** **a** 사과하는

Q: **Was his apology sincere?** 그의 사과가 진심이었나요?

A:

0079 ☐☐☐

apparent
[əˈpærənt]

a 분명한, 명백한

= obvious, evident, clear, visible, seeming
+ **appearance** **n** 외모, 출현 **apparently** **adv** 분명히, 보기에

Q: **What is the apparent cause of the problem?**
문제의 명백한 원인은 무엇인가요?

A:

0080 ☐☐☐

appeal
[əˈpiːl]

n 호소, 매력 **v** 호소하다

= plea, request, charm, attraction, petition
+ **appealing** **a** 매력적인, 호소력 있는 **appeal to** ~의 마음에 들다, ~의 흥미를 끌다

Q: **Does this idea appeal to you?** 이 아이디어가 마음에 드나요?

A:

DAY 04 | DICTATION TEST

5회 반복 예문 **QR**

DICTATION **TEST** 예문 **QR**을 듣고 다음 빈칸에 올바른 단어를 쓰세요.

61. Do you know much about your ______________?

62. Have you seen any ______________ ruins before?

63. What is the sum of the ______________ of a triangle?

64. When's your wedding ______________?

65. Did they ______________ the results?

66. Who's the ______________ for this game?

67. Did something ______________ you today?

68. Do you attend the ______________ meeting?

69. Was the comment really ______________?

70. Did you ______________ that reaction?

71. Is that an ______________ or a replica?

72. Do you struggle with ______________ often?

73. Are you feeling ______________ about it?

74. Can I call you ______________?

75. ______________, why did you go?

76. Have you ever lived ______________ from family?

77. Did she ever ______________ to you?

78. Was his ______________ sincere?

79. What is the ______________ cause of the problem?

80. Does this idea ______________ to you?

5회 반복 표제어 **QR**　　5회 반복 예문 **QR**

DAY 05
30 days

PREVIEW **A** 다음 단어의 뜻을 한국어로 써보세요.

- ☐ **appear**
- ☐ **appearance**
- ☐ **applaud**
- ☐ **apply**
- ☐ **appoint**
- ☐ **appreciate**
- ☐ **approach**
- ☐ **appropriate**
- ☐ **approve**
- ☐ **approximately**

- ☐ **aptitude**
- ☐ **architecture**
- ☐ **argue**
- ☐ **argument**
- ☐ **arise**
- ☐ **army**
- ☐ **arouse**
- ☐ **arrange**
- ☐ **arrangement**
- ☐ **arrest**

PREVIEW **B** 사진을 보고 알맞은 영어 단어를 **PREVIEW** **A** 에서 찾아 써보세요.

0081 ☐☐☐

appear
[əˈpɪr]

v 나타나다, ~처럼 보이다

= seem, look, emerge, surface
+ **appearance** **n** 출현, 외모 **disappearance** **n** 소멸, 실종
  apparently **adv** 명백히, 보기에

Q: When did he appear at the party? 그는 언제 파티에 나타났나요?

A: ....

0082 ☐☐☐

appearance
[əˈpɪrəns]

n 외모, 출현

= look, facade, presence, arrival
+ **appear** **v** 나타나다 **apparent** **a** 분명한

Q: Does appearance really matter that much? 외모가 정말 그렇게 중요한가요?

A: ....

0083 ☐☐☐

applaud
[əˈplɔːd]

v 박수치다

= clap, cheer, commend, approve
+ **applause** **n** 박수

Q: Did the crowd applaud loudly? 군중이 크게 박수를 쳤나요?

A: ....

0084 ☐☐☐

apply
[əˈplaɪ]

v 지원하다, 적용하다

= use, utilize, implement, submit, request
+ **application** **n** 신청, 적용 **applicant** **n** 신청자 **applicable** **a** 적용 가능한

Q: Have you applied for the job? 그 일자리에 지원했나요?

A: ....

0085 ☐☐☐

appoint
[əˈpɔɪnt]

v 임명하다, 지정하다

= name, designate, assign, select, nominate
+ **appointment** **n** 임명, 약속

Q: Who will they appoint as leader? 그들이 누구를 리더로 임명할까요?

A: ....

0086 ☐☐☐

appreciate
[əˈpriːʃieit]

v 감사하다, 감상하다

= **value, cherish, understand, be grateful for**
+ **appreciation** **n** 감사, 이해 **appreciative** **a** 감사하는
  appreciable **a** 상당한, 평가할 수 있는

Q: Do you appreciate honest feedback? 솔직한 피드백을 감사하게 생각하나요?

A: ....

0087 ☐☐☐

approach
[əˈproʊtʃ]

n 접근 **v** 접근하다

= **method, strategy, access, come near, tackle**
+ **approachable** **a** 접근하기 쉬운

Q: How do you usually approach problems? 문제에 보통 어떻게 접근하나요?

A: ....

0088 ☐☐☐

appropriate
[əˈproʊpriət]

a 적절한

= **suitable, proper, fitting, apt, relevant**
+ **appropriateness** **n** 적절성 **appropriately** **adv** 적절하게 **inappropriate** **a** 부적절한

Q: Is that behavior really appropriate? 그 행동이 정말 적절한가요?

A: ....

0089 ☐☐☐

approve
[əˈpruːv]

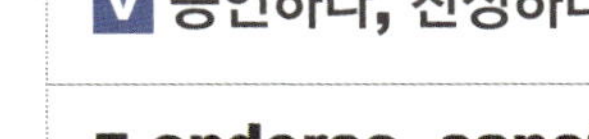

v 승인하다, 찬성하다

= **endorse, sanction, OK, consent to**
+ **approval** **n** 승인, 찬성 **approving** **a** 찬성하는 **approved** **a** 승인된
  approvingly **adv** 찬성하여

Q: Did your manager approve the plan? 당신의 상사가 그 계획을 승인했나요?

A: ....

0090 ☐☐☐

approximately
[əˈprɑːksɪmətli]

adv 대략

= **roughly, about, around, nearly**
+ **approximate** **a** 대략적인 **approximation** **n** 근사치, 대략

Q: How much did it cost, approximately? 대략 얼마 정도 들었나요?

A: ....

0091 ☐☐☐

aptitude
[ˈæptɪtuːd]

n 소질, 적성

= talent, knack, ability, skill, gift
+ apt **a** 적절한, ~하는 경향이 있는 aptly **adv** 적절히

Q: Do you have an aptitude for math? 수학에 소질이 있나요?

A:

0092 ☐☐☐

architecture
[ˈɑːrkɪtektʃər]

n 건축

= design, building design, construction style
+ architect **n** 건축가 architectural **a** 건축의

Q: Are you interested in modern architecture? 현대 건축에 관심이 있나요?

A:

0093 ☐☐☐

argue
[ˈɑːrgjuː]

v 논쟁하다, 주장하다

= debate, dispute, quarrel, contend, reason
+ argument **n** 논쟁 argumentation **n** 논증 arguable **a** 논쟁의 여지가 있는

Q: Why do they always argue like that? 그들은 왜 항상 저렇게 다투나요?

A:

0094 ☐☐☐

argument
[ˈɑːrgjumənt]

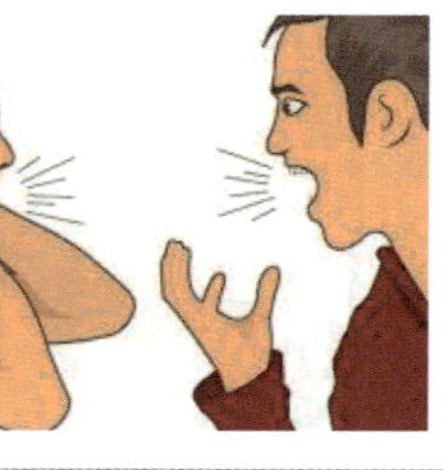

n 논쟁, 주장

= dispute, debate, disagreement, rationale, reasoning
+ argue **v** 논쟁하다

Q: What started the argument this time? 이번에는 무엇이 논쟁을 시작하게 했나요?

A:

0095 ☐☐☐

arise
[əˈraɪz]

v 발생하다, 생겨나다

= emerge, occur, happen, result
+ arise from the chair 의자에서 일어나다

Q: When did the issue first arise? 그 문제가 언제 처음 발생했나요?

A:

0096 □□□

army
[ˈɑːrmi]

n 군대

= military, force, troops, multitude
+ **Salvation Army** 구세군

Q: Did you serve in the army? 육군에서 복무했었나요?

A:

0097 □□□

arouse
[əˈraʊz]

v 불러일으키다, 자극하다

= provoke, stimulate, awaken, excite
+ **arousal** **n** 각성, 자극

Q: Did the movie arouse any strong feelings?
그 영화가 어떤 강한 감정을 불러일으켰나요?

A:

0098 □□□

arrange
[əˈreɪndʒ]

v 배열하다, 준비하다

= organize, classify, plan, prepare, order
+ **arrangement** **n** 배열, 준비 **arranged** **a** 정리된

Q: Can you arrange a meeting for tomorrow? 내일 회의를 주선해 줄 수 있나요?

A:

0099 □□□

arrangement
[əˈreɪndʒmənt]

n 배열, 준비

= plan, agreement, setup, organization
+ **arrange** **v** 정리하다, 배열하다

Q: Is this travel arrangement okay with you? 이 여행 준비는 괜찮으신가요?

A:

0100 □□□

arrest
[əˈrest]

n 체포   **v** 체포하다

= apprehend, capture, seize, detain
+ **house arrest** 가택 연금

Q: Why did the police arrest them? 경찰은 왜 그들을 체포했나요?

A:

DAY 05 | DICTATION TEST

5회 반복 예문 QR

DICTATION **TEST** 예문 **QR**을 듣고 다음 빈칸에 올바른 단어를 쓰세요.

81. When did he ______________ at the party?

82. Does ______________ really matter that much?

83. Did the crowd ______________ loudly?

84. Have you ______________ for the job?

85. Who will they ______________ as leader?

86. Do you ______________ honest feedback?

87. How do you usually ______________ problems?

88. Is that behavior really ______________?

89. Did your manager ______________ the plan?

90. How much did it cost, ______________?

91. Do you have an ______________ for math?

92. Are you interested in modern ______________?

93. Why do they always ______________ like that?

94. What started the ______________ this time?

95. When did the issue first ______________?

96. Did you serve in the ______________?

97. Did the movie ______________ any strong feelings?

98. Can you ______________ a meeting for tomorrow?

99. Is this travel ______________ okay with you?

100. Why did the police ______________ them?

5회 반복 표제어 **QR**   5회 반복 예문 **QR**

DAY

06

30 days

PREVIEW A 다음 단어의 뜻을 한국어로 써보세요.

□ **arrogant** _______________

□ **article** _______________

□ **artificial** _______________

□ **ashamed** _______________

□ **asleep** _______________

□ **aspect** _______________

□ **aspire** _______________

□ **assemble** _______________

□ **assess** _______________

□ **asset** _______________

□ **assign** _______________

□ **assist** _______________

□ **associate** _______________

□ **association** _______________

□ **assume** _______________

□ **astronaut** _______________

□ **astronomer** _______________

□ **athlete** _______________

□ **atmosphere** _______________

□ **atom** _______________

PREVIEW B 사진을 보고 알맞은 영어 단어를 PREVIEW A 에서 찾아 써보세요.

_______________   _______________   _______________   _______________

0101 ☐☐☐

arrogant
[ˈærəgənt]

a 거만한

= haughty, conceited, proud, supercilious
+ arrogance **n** 오만함 arrogantly **adv** 오만하게

Q: Don't you think he's a bit arrogant? 그가 좀 거만하다고 생각하지 않나요?
A: ____

0102 ☐☐☐

article
[ˈɑːrtɪkl]

n 기사, 물품, 조항

= item, piece, story, essay, clause
+ definite article 정관사 indefinite article 부정관사

Q: Did you read that article already? 그 기사 이미 읽었나요?
A: ____

0103 ☐☐☐

artificial
[ˌɑːrtɪˈfɪʃl]

a 인공적인

= synthetic, man-made, fake, unnatural
+ artificiality **n** 인위적임 artificially **adv** 인위적으로

Q: Does this look artificial to you? 이것이 인공적인 것으로 보이나요?
A: ____

0104 ☐☐☐

ashamed
[əˈʃeɪmd]

a 부끄러워하는

= embarrassed, mortified, humiliated, remorseful
+ be ashamed of oneself 부끄러움을 알다, 부끄러워하다

Q: Aren't you ashamed of what you did? 당신이 한 일에 대해 부끄럽지 않나요?
A: ____

0105 ☐☐☐

asleep
[əˈsliːp]

a 잠든

= sleeping, dormant, unconscious
+ go asleep 잠들다

Q: Is the baby still asleep? 아기가 아직 자고 있나요?
A: ____

0106 ☐☐☐

aspect
[ˈæspekt]

n 측면, 양상

= facet, feature, characteristic, side, viewpoint
+ **diverse aspects of human life** 인생의 여러 양상

Q: What aspect do you like the most? 어떤 면을 가장 좋아하나요?

A:

0107 ☐☐☐

aspire
[əˈspaɪər]

v 열망하다

= desire, aim, hope, yearn, strive
+ **aspiration** **n** 염원, 포부 **aspirational** **a** 포부를 가진

Q: What do you truly aspire to be? 진정으로 무엇이 되기를 열망하나요?

A:

0108 ☐☐☐

assemble
[əˈsembl]

v 조립하다, 모으다

= gather, collect, put together, construct, convene
+ **assembly** **n** 조립, 집회 **assembler** **n** 조립하는 사람[기계]

Q: Can we assemble here by 9 a.m.? 오전 9시까지 여기에 모일 수 있을까요?

A:

0109 ☐☐☐

assess
[əˈses]

v 평가하다

= evaluate, appraise, judge, estimate, gauge
+ **assessment** **n** 평가 **assessable** **a** 평가 가능한

Q: How do you usually assess progress? 보통 진척 상황을 어떻게 평가하나요?

A:

0110 ☐☐☐

asset
[ˈæset]

n 자산

= advantage, benefit, resource, property, valuable
+ **working asset** 운영 자산

Q: Is she a valuable asset to the team? 그녀는 팀에 귀중한 자산인가요?

A:

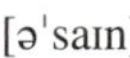

0111 ☐☐☐

assign
[əˈsaɪn]

v 할당하다, 배정하다

= allocate, allot, delegate, appoint, ascribe
+ **assignment** **n** 과제, 할당

Q: Did the teacher assign homework today? 선생님이 오늘 숙제를 내주셨나요?
A:

0112 ☐☐☐

assist
[əˈsɪst]

v 돕다

= help, aid, support, facilitate
+ **assistance** **n** 도움 **assistant** **n** 조수

Q: Can you assist me for a minute? 잠시 도와줄 수 있나요?
A:

0113 ☐☐☐

associate
[əˈsoʊʃieɪt] **v** [əˈsoʊʃiət] **n**

v 연관 짓다 **n** 동료

= connect, link, partner, colleague, bond
+ **association** **n** 협회, 연관성 **associated** **a** 관련된

Q: What do you usually associate with summer?
여름 하면 보통 무엇을 연관 짓나요?
A:

0114 ☐☐☐

association
[əˌsoʊsiˈeɪʃn]

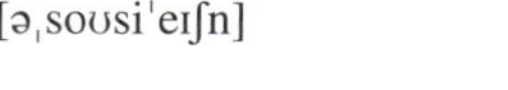

n 협회, 연관성

= organization, society, connection, link, relationship
+ **associate** **v** 연관시키다, 어울리다

Q: Are you a member of any association? 어떤 협회에 회원인가요?
A:

0115 ☐☐☐

assume
[əˈsuːm]

v 가정하다, (책임을) 떠맡다

= presume, suppose, take on, undertake, hypothesize
+ **assumption** **n** 가정, 추정

Q: Why did you assume I knew that? 왜 제가 그걸 안다고 추정했나요?
A:

0116 ☐☐☐

astronaut
[ˈæstrənɔːt]

n 우주비행사

= spaceman, cosmonaut, space traveler
+ **astronaut food** 우주 식품

Q: Did you want to be an astronaut as a kid?
어렸을 때 우주비행사가 되고 싶었나요?

A:

0117 ☐☐☐

astronomer
[əˈstrɑːnəmər]

n 천문학자

= stargazer, celestial observer
+ **astronomy** **n** 천문학 **astronomical** **a** 천문학적인

Q: Do you know any famous astronomers? 유명한 천문학자를 아는 분 있나요?

A:

0118 ☐☐☐

athlete
[ˈæθliːt]

n 운동선수

= sportsman, competitor, player, runner
+ **athletics** **n** 육상, 운동 경기 **athletic** **a** 운동의, 운동 경기의

Q: Were you ever a student athlete? 학창 시절에 학생 운동선수였나요?

A:

0119 ☐☐☐

atmosphere
[ˈætməsfɪr]

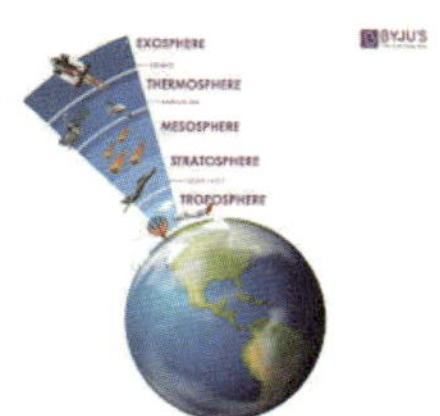

n 대기, 분위기

= air, aura, mood, environment, ambiance
+ **atmospheric** **a** 대기의, 분위기의

Q: Do you like the atmosphere here? 여기 분위기가 마음에 드나요?

A:

0120 ☐☐☐

atom
[ˈætəm]

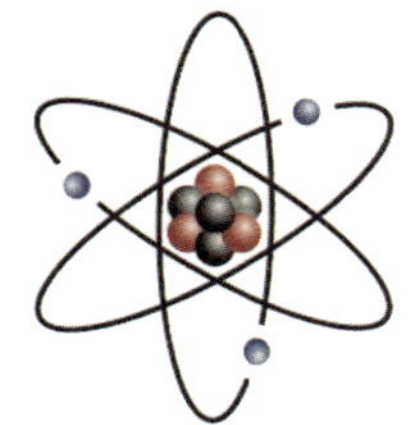

n 원자

= particle, molecule, fragment, speck
+ **atomic** **a** 원자의

Q: Can we see an atom with the naked eye? 우리가 맨눈으로 원자를 볼 수 있나요?

A:

DAY 06 | DICTATION TEST

5회 반복 예문 QR

DICTATION TEST 예문 **QR**을 듣고 다음 빈칸에 올바른 단어를 쓰세요.

101. Don't you think he's a bit ＿＿＿＿＿＿＿＿?

102. Did you read that ＿＿＿＿＿＿＿ already?

103. Does this look ＿＿＿＿＿＿＿ to you?

104. Aren't you ＿＿＿＿＿＿＿ of what you did?

105. Is the baby still ＿＿＿＿＿＿＿?

106. What ＿＿＿＿＿＿＿ do you like the most?

107. What do you truly ＿＿＿＿＿＿＿ to be?

108. Can we ＿＿＿＿＿＿＿ here by 9 a.m.?

109. How do you usually ＿＿＿＿＿＿＿ progress?

110. Is she a valuable ＿＿＿＿＿＿＿ to the team?

111. Did the teacher ＿＿＿＿＿＿＿ homework today?

112. Can you ＿＿＿＿＿＿＿ me for a minute?

113. What do you usually ＿＿＿＿＿＿＿ with summer?

114. Are you a member of any ＿＿＿＿＿＿＿?

115. Why did you ＿＿＿＿＿＿＿ I knew that?

116. Did you want to be an ＿＿＿＿＿＿＿ as a kid?

117. Do you know any famous ＿＿＿＿＿＿＿?

118. Were you ever a student ＿＿＿＿＿＿＿?

119. Do you like the ＿＿＿＿＿＿＿ here?

120. Can we see an ＿＿＿＿＿＿＿ with the naked eye?

5회 반복 표제어 **QR**   5회 반복 예문 **QR**

DAY 07

30 days

PREVIEW A

다음 단어의 뜻을 한국어로 써보세요.

- ☐ **attach**
- ☐ **attain**
- ☐ **attempt**
- ☐ **attend**
- ☐ **attention**
- ☐ **attitude**
- ☐ **attract**
- ☐ **attraction**
- ☐ **attractive**
- ☐ **attribute**
- ☐ **audience**
- ☐ **author**
- ☐ **authority**
- ☐ **automatic**
- ☐ **automobile**
- ☐ **available**
- ☐ **avenue**
- ☐ **average**
- ☐ **avoid**
- ☐ **await**

PREVIEW B

사진을 보고 알맞은 영어 단어를 PREVIEW A 에서 찾아 써보세요.

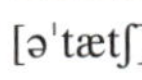

0121 ☐☐☐

attach
[əˈtætʃ]

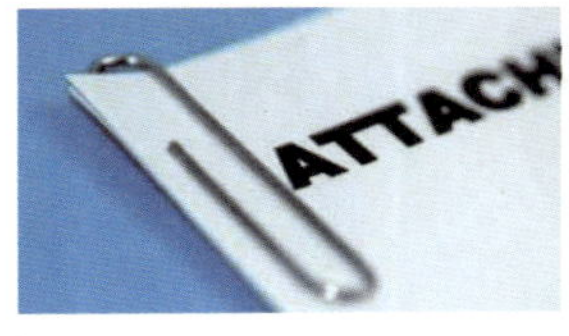

v 붙이다, 첨부하다

= fasten, join, connect, append, affix
+ **attachment** **n** 첨부, 애착 **attached** **a** 첨부된, 애착을 가진

Q: **Did you attach the file to the email?** 이메일에 파일을 첨부했나요?

A:

0122 ☐☐☐

attain
[əˈteɪn]

v 달성하다, 이루다

= achieve, reach, accomplish, obtain, acquire
+ **attainment** **n** 달성, 성취

Q: **How did you attain that level of success?**
어떻게 그 정도 수준의 성공을 달성했나요?

A:

0123 ☐☐☐

attempt
[əˈtempt]

n 시도 **v** 시도하다

= try, effort, endeavor, venture
+ **an attempt to rewrite history** 역사를 다시 쓰려는 시도

Q: **Did you make another attempt today?** 오늘 또 다른 시도를 했나요?

A:

0124 ☐☐☐

attend
[əˈtend]

v 참석하다, 주의를 기울이다

= be present, go to, participate in, heed
+ **attendance** **n** 출석 **attendant** **n** 참석자, 수행원 **attention** **n** 주의

Q: **Are you going to attend the meeting?** 회의에 참석할 건가요?

A:

0125 ☐☐☐

attention
[əˈtenʃn]

n 주의, 관심

= focus, concentration, notice, observation, care
+ **attend** **v** 참석하다, 주의를 기울이다 **attentive** **a** 주의 깊은 **attentively** **adv** 주의 깊게

Q: **Can I have your attention for a second?** 잠시 주목해 주시겠어요?

A:

0126 ☐☐☐

attitude
[ˈætɪtuːd]

n 태도

= **mindset, disposition, outlook, stance**
+ **a do-or-die attitude** 죽기 살기로 덤비는 태도

Q: Why do you have such a bad attitude? 왜 그렇게 나쁜 태도를 가지고 있나요?

A: ....

0127 ☐☐☐

attract
[əˈtrækt]

v 끌어당기다

= **appeal, draw, captivate, entice, allure**
+ **attraction** **n** 매력, 명소, 놀이기구 **attractiveness** **n** 매력 **attractive** **a** 매력적인
  attractively **adv** 매력적으로

Q: Do bright colors attract your attention? 밝은 색이 당신의 주의를 끄나요?

A: ....

0128 ☐☐☐

attraction
[əˈtrækʃn]

n 매력, 명소

= **appeal, charm, draw, fascination, landmark**
+ **attract** **v** 끌어당기다 **attractive** **a** 매력적인

Q: What's the biggest attraction here? 여기서 가장 큰 놀이기구는 무엇인가요?

A: ....

0129 ☐☐☐

attractive
[əˈtræktɪv]

a 매력적인

= **appealing, charming, beautiful, enticing**
+ **attraction** **n** 매력, 명소 **attractiveness** **n** 매력 **attract** **v** 끌어당기다
  attractively **adv** 매력적으로

Q: What makes this design so attractive to you?
이 디자인이 당신에게 매력적인 이유는 무엇인가요?

A: ....

0130 ☐☐☐

attribute
[ˈætrɪbjuːt] **n** [əˈtrɪbjuːt] **v**

n 속성 **v** ~의 탓으로 돌리다

= **quality, characteristic, trait, ascribe, credit**
+ **attribution** **n** 귀인, 특성 부여

Q: Would you attribute the team's success to good leadership?
팀의 성공을 훌륭한 리더십 덕분이라고 생각하나요?

A: ....

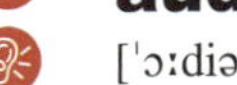

0131 ☐☐☐

audience
[ˈɔːdiəns]

n 청중, 관객

= spectators, listeners, viewers, public
+ **a young audience** 젊은 청중[관객]들

Q: **How did the audience react to the final performance?**
관객들은 마지막 공연에 어떻게 반응했나요?

A: ____________________

0132 ☐☐☐

author
[ˈɔːθər]

n 작가

= writer, creator, novelist, composer
+ **authority** **n** 권한, 당국

Q: **Have you read anything by that author?** 그 작가의 작품을 읽어본 적이 있나요?

A: ____________________

0133 ☐☐☐

authority
[əˈθɔːrəti]

Authority Vs Responsibility

n 권위, 당국

= power, control, expertise, permission, expert
+ **authoritative** **a** 권위적인 **authorized** **a** 인가된 **authorize** **v** 권한을 부여하다

Q: **Who has the authority to approve it?** 누가 그것을 승인할 권한이 있나요?

A: ____________________

0134 ☐☐☐

automatic
[ˌɔːtəˈmætɪk]

a 자동의

= mechanical, automated, spontaneous, involuntary
+ **automation** **n** 자동화 **automaton** **n** 자동 장치 **automatically** **adv** 자동으로

Q: **Is this machine fully automatic?** 이 기계는 완전 자동인가요?

A: ____________________

0135 ☐☐☐

automobile
[ˈɔːtəməbiːl]

n 자동차

= car, vehicle, motorcar
+ **an automobile accident** 자동차 사고

Q: **When did you buy your first automobile?** 첫 자동차를 언제 샀나요?

A: ____________________

0136 ☐☐☐

available
[əˈveɪləbl]

a 이용 가능한

= **accessible, obtainable, usable, free**
+ **availability** n 이용 가능성, 유효성

Q: Is this seat still available? 이 좌석 아직 사용 가능한가요?

A:

0137 ☐☐☐

avenue
[ˈævənuː]

n (가로수) 길, 거리, 수단, 방법

= **street, road, boulevard, approach, means**
+ **a hotel on Fifth Avenue** 5번가에 있는 호텔

Q: Is your office near Fifth Avenue? 당신 사무실이 5번가 근처에 있나요?

A:

0138 ☐☐☐

average
[ˈævərɪdʒ]

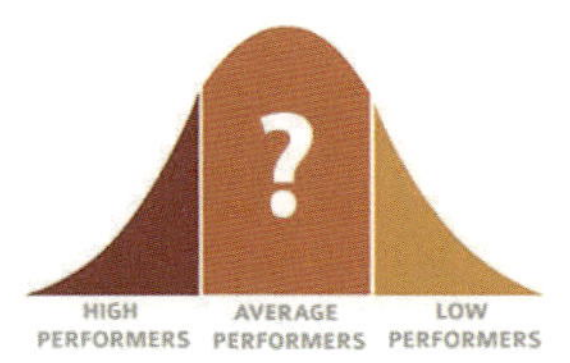

n 평균 **a** 평균의

= **typical, ordinary, median, normal, mediocre**
+ **grade point average GPA** 평균 내신 평점[점수]

Q: What is the average time you spend on your phone daily?
하루에 휴대폰을 사용하는 평균 시간은 얼마인가요?

A:

0139 ☐☐☐

avoid
[əˈvɔɪd]

v 피하다

= **shun, evade, prevent, escape**
+ **avoidance** n 회피 **avoidable** a 피할 수 있는

Q: Why are you trying to avoid him? 왜 그를 피하려고 하는 건가요?

A:

0140 ☐☐☐

await
[əˈweɪt]

v 기다리다

= **wait for, anticipate, expect**
+ **await trial** 재판을 기다리다

Q: Should I await your signal to begin?
제가 시작하려면 당신의 신호를 기다려야 할까요?

A:

DAY 07 | DICTATION TEST

5회 반복 예문 QR

DICTATION TEST 예문 **QR**을 듣고 다음 빈칸에 올바른 단어를 쓰세요.

121. Did you ______________ the file to the email?

122. How did you ______________ that level of success?

123. Did you make another ______________ today?

124. Are you going to ______________ the meeting?

125. Can I have your ______________ for a second?

126. Why do you have such a bad ______________?

127. Do bright colors ______________ your attention?

128. What's the biggest ______________ here?

129. What makes this design so ______________ to you?

130. Would you ______________ the team's success to good leadership?

131. How did the ______________ react to the final performance?

132. Have you read anything by that ______________?

133. Who has the ______________ to approve it?

134. Is this machine fully ______________?

135. When did you buy your first ______________?

136. Is this seat still ______________?

137. Is your office near Fifth ______________?

138. What is the ______________ time you spend on your phone daily?

139. Why are you trying to ______________ him?

140. Should I ______________ your signal to begin?

5회 반복 표제어 **QR**   5회 반복 예문 **QR**

DAY
08
30 days

PREVIEW **A**   다음 단어의 뜻을 한국어로 써보세요.

☐ **awake** _________________________   ☐ **bald** _________________________

☐ **award** _________________________   ☐ **ban** _________________________

☐ **aware** _________________________   ☐ **bandage** _________________________

☐ **awesome** _________________________   ☐ **banner** _________________________

☐ **awful** _________________________   ☐ **bar** _________________________

☐ **awkward** _________________________   ☐ **barely** _________________________

☐ **background** _________________________   ☐ **barrier** _________________________

☐ **bacteria** _________________________   ☐ **basis** _________________________

☐ **badly** _________________________   ☐ **bear** _________________________

☐ **balance** _________________________   ☐ **beat** _________________________

PREVIEW **B**   사진을 보고 알맞은 영어 단어를 **PREVIEW** **A** 에서 찾아 써보세요.

 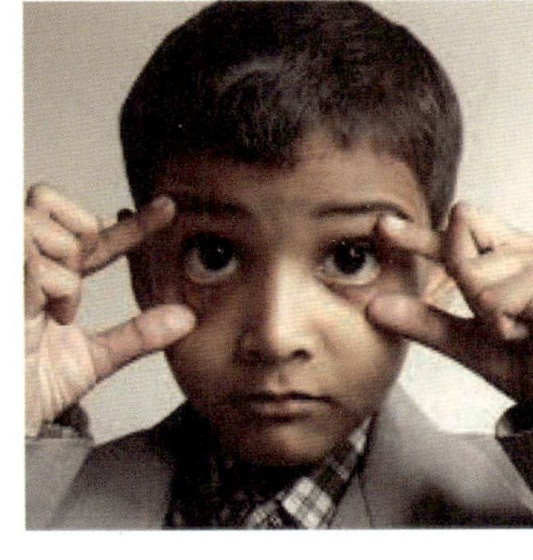 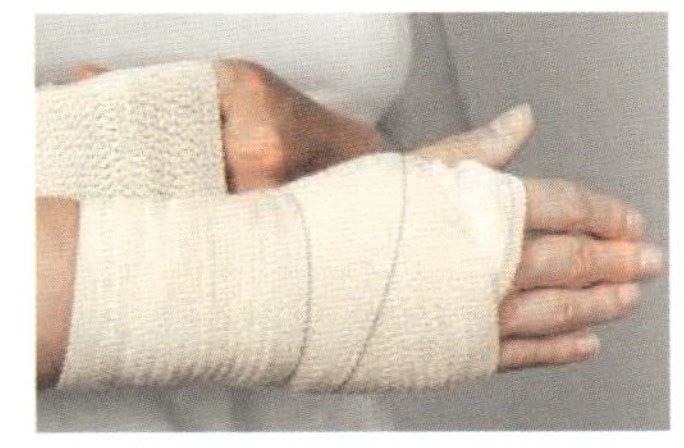 

_________________   _________________   _________________   _________________

0141 ☐☐☐

awake
[əˈweɪk]

a 깨어 있는 **v** 깨우다

= conscious, alert, wake up, arouse
+ **awaken** **v** 깨우다, 각성시키다 **awakening** **n** 자각, 각성

Q: Are you still awake? 아직 깨어 있나요?

A: ______________________________

0142 ☐☐☐

award
[əˈwɔːrd]

n 상 **v** 수여하다

= prize, honor, reward, grant
+ **Academy Award (Oscar)** 아카데미상

Q: Did she win the award this year? 그녀가 올해 상을 받았나요?

A: ______________________________

0143 ☐☐☐

aware
[əˈwer]

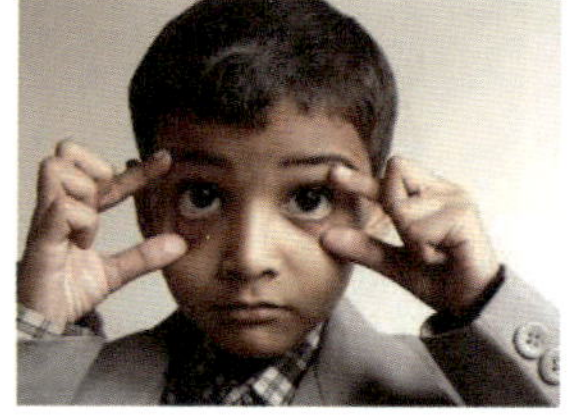

a 알고 있는

= conscious, cognizant, informed, alert to
+ **awareness** **n** 인식, 자각 **unaware** **a** 모르는, 눈치 채지 못한

Q: Are you aware of the problem? 그 문제를 알고 있나요?

A: ______________________________

0144 ☐☐☐

awesome
[ˈɔːsəm]

a 멋진, 경외심을 일으키는

= amazing, impressive, fantastic, splendid
+ **awesomely** **adv** 놀랍게도

Q: Wasn't that movie just awesome? 그 영화 정말 끝내주지 않았나요?

A: ______________________________

0145 ☐☐☐

awful
[ˈɔːfl]

a 끔찍한

= terrible, dreadful, horrid, very bad
+ **awfully** **adv** 끔찍하게, 매우

Q: Why does it smell so awful in here? 여기 왜 이렇게 끔찍한 냄새가 나나요?

A: ______________________________

0146 ☐☐☐

awkward
['ɔːkwərd]

a 어색한, 서투른

= clumsy, ungainly, uncomfortable, embarrassing, difficult
+ **awkwardness** **n** 어색함, 서투름   **awkwardly** **adv** 어색하게, 서투르게

Q: **Didn't that feel a bit awkward?** 그거 좀 어색하게 느껴지지 않았나요?

A:

0147 ☐☐☐

background
['bækgraʊnd]

n 배경

= upbringing, history, setting, context, experience
+ **your family background** 당신의 가족 배경

Q: **Can you tell me your background?** 당신의 배경에 대해 말해줄 수 있나요?

A:

0148 ☐☐☐

bacteria
[bæk'tɪriə]

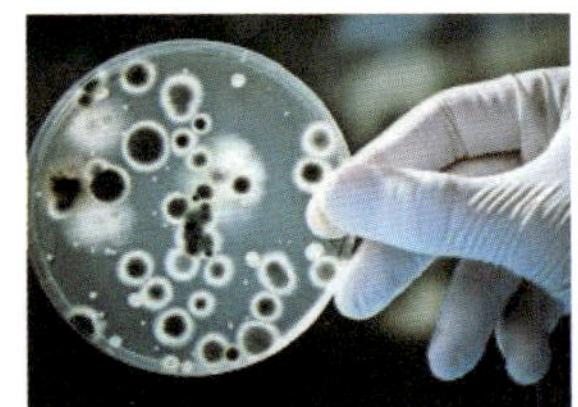

n 박테리아, 세균

= germs, microbes, microorganisms
+ **bacterial** **a** 세균성의

Q: **Is this water free of bacteria?** 이 물은 박테리아가 없나요?

A:

0149 ☐☐☐

badly
['bædli]

adv 심하게, 나쁘게

= poorly, severely, greatly, intensely, wrongly
+ **bad** **a** 나쁜   **badness** **n** 나쁨

Q: **Did he get hurt badly?** 그가 심하게 다쳤나요?

A:

0150 ☐☐☐

balance
['bæləns]

n 균형   **v** 균형을 잡다

= equilibrium, stability, poise, proportion, equalize
+ **balanced** **a** 균형 잡힌   **unbalanced** **a** 불균형한

Q: **How do you balance work and life?** 일과 삶의 균형을 어떻게 맞추나요?

A:

0151 ☐☐☐

bald
[bɔːld]

a 대머리의

= **hairless, smooth, bare**
+ **baldness** **n** 대머리

Q: **When did he start going bald?** 그는 언제부터 대머리가 되기 시작했나요?

A: ....

0152 ☐☐☐

ban
[bæn]

n 금지　**v** 금지하다

= **prohibit, forbid, outlaw, embargo, restriction**
+ **a ban on smoking** 흡연 금지

Q: **Why did they ban that app?** 그들은 왜 그 앱을 금지했나요?

A: ....

0153 ☐☐☐

bandage
['bændɪdʒ]

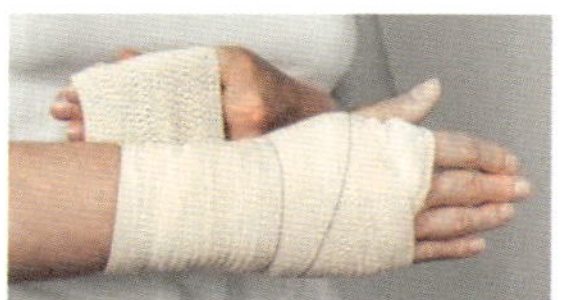

n 붕대　**v** 붕대를 감다

= **dressing, plaster, bind, wrap**
+ **apply a bandage** 붕대를 감다

Q: **Do you have an extra bandage?** 여분의 붕대 있나요?

A: ....

0154 ☐☐☐

banner
['bænər]

n 현수막, 깃발

= **flag, standard, slogan, headline**
+ **Star-Spangled Banner** 미국 국가 (성조기여 영원 하라)

Q: **Who designed the welcome banner?** 환영 배너는 누가 디자인했나요?

A: ....

0155 ☐☐☐

bar
[bɑːr]

n 막대, 술집, 장애물　**v** 막다

= **rod, pole, obstacle, pub, counter, exclude**
+ **barricade** **n** 바리케이드　**barrier** **n** 장벽

Q: **Do you want to go to the bar later?** 이따가 술집에 갈래요?

A: ....

0156 ☐☐☐

barely
['berli]

adv 거의 ~않다, 겨우

= scarcely, hardly, only just
+ **barely escape death** 간신히 목숨을 건지다

Q: **Does he barely speak English?** 그는 영어를 거의 못 하는 건가요?

A:

0157 ☐☐☐

barrier
['bæriər]

n 장벽, 장애물

= obstacle, hurdle, blockade, fence
+ **sound barrier** 음속 장벽

Q: **What's the biggest barrier for you?** 당신에게 가장 큰 장벽은 무엇인가요?

A:

0158 ☐☐☐

basis
['beɪsɪs]

n 기초, 근거

= foundation, ground, principle, rationale
+ **basic** a 기본적인　**basically** adv 기본적으로

Q: **On what basis did they choose her?** 어떤 근거로 그녀를 선택했나요?

A:

0159 ☐☐☐

bear
[ber]

v 참다, (무게를) 지탱하다　n 곰

= tolerate, endure, carry, support, yield
+ **bearable** a 견딜 수 있는　**unbearable** a 견딜 수 없는

Q: **How can you bear that noise?** 어떻게 그 소음을 견딜 수 있나요?

A:

0160 ☐☐☐

beat
[biːt]

v 때리다, 이기다　n 박동

= hit, strike, defeat, pulsate, rhythm
+ **beat a drum** 북을 치다

Q: **Did your heart just skip a beat?** 방금 심장이 철렁[쿵] 했나요?

A:

DAY 08 | DICTATION TEST

5회 반복 예문 QR

DICTATION **TEST** 예문 **QR**을 듣고 다음 빈칸에 올바른 단어를 쓰세요.

141. Are you still _______________?

142. Did she win the _______________ this year?

143. Are you _______________ of the problem?

144. Wasn't that movie just _______________?

145. Why does it smell so _______________ in here?

146. Didn't that feel a bit _______________?

147. Can you tell me your _______________?

148. Is this water free of _______________?

149. Did he get hurt _______________?

150. How do you _______________ work and life?

151. When did he start going _______________?

152. Why did they _______________ that app?

153. Do you have an extra _______________?

154. Who designed the welcome _______________?

155. Do you want to go to the _______________ later?

156. Does he _______________ speak English?

157. What's the biggest _______________ for you?

158. On what _______________ did they choose her?

159. How can you _______________ that noise?

160. Did your heart just skip a _______________?

5회 반복 표제어 **QR**   5회 반복 예문 **QR**

DAY 09

30 days

PREVIEW A 다음 단어의 뜻을 한국어로 써보세요.

□ beg		□ bias	
□ behave		□ bill	
□ behavior		□ billion	
□ belief		□ bind	
□ belong		□ biology	
□ bend		□ birth	
□ benefit		□ bit	
□ beside		□ bitter	
□ besides		□ blame	
□ bet		□ blend	

PREVIEW B 사진을 보고 알맞은 영어 단어를 PREVIEW A 에서 찾아 써보세요.

___________________   ___________________

0161 ☐☐☐

beg
[beg]

v 간청하다, 구걸하다

= plead, implore, entreat, request
+ **beggar** n 거지 **nigger** n 깜둥이, 흑인거지

Q: Did he actually beg for help? 그가 실제로 도움을 애원했나요?

A: ....

0162 ☐☐☐

behave
[bɪˈheɪv]

v 행동하다

= act, conduct oneself, comport, function
+ **behavior** n 행동 **behavioral** a 행동의

Q: Can you please behave yourself? 부디 예의 바르게 행동해 줄 수 있나요?

A: ....

0163 ☐☐☐

behavior
[bɪˈheɪvjər]

n 행동, 행태

= conduct, demeanor, actions, manner
+ **behave** v 행동하다

Q: What caused his strange behavior? 무엇이 그의 이상한 행동을 유발했나요?

A: ....

0164 ☐☐☐

belief
[bɪˈliːf]

n 신념, 믿음

= conviction, faith, opinion, notion, trust
+ **believe** v 믿다 **believable** a 믿을 수 있는 **unbelievable** a 믿을 수 없는
unbelievably adv 믿을 수 없을 정도로

Q: Is that a personal belief of yours? 그것이 당신의 개인적인 신념인가요?

A: ....

0165 ☐☐☐

belong
[bɪˈlɔːŋ]

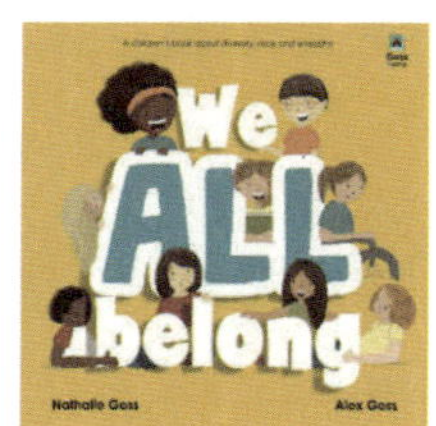

v ~에 속하다

= be a part of, be owned by, fit in
+ **belongings** n 소유물 **belong to** ~의 것이다

Q: Do these books belong to you? 이 책들이 당신 건가요?

A: ....

0166 ☐☐☐

bend
[bend]

v 구부리다, 숙이다

= curve, stoop, flex, incline, turn
+ **bend down** 숙이다

Q: **Can you bend down without pain?** 통증 없이 몸을 굽힐 수 있나요?

A:

0167 ☐☐☐

benefit
['benɪfɪt]

n 이점, 혜택 **v** 이롭다

= advantage, gain, profit, welfare, help
+ **beneficial** **a** 이로운 **beneficially** **adv** 이롭게

Q: **Did you get any benefit from it?** 그것으로부터 어떤 이점을 얻었나요?

A:

0168 ☐☐☐

beside
[bɪˈsaɪd]

prep ~옆에

= next to, alongside, by
+ **be beside the point** 요점을 벗어나 있다[중요한 게 아니다]

Q: **Who's sitting beside you?** 누가 당신 옆에 앉아 있나요?

A:

0169 ☐☐☐

besides
[bɪˈsaɪdz]

prep ~외에 **adv** 게다가

= in addition to, moreover, furthermore, apart from
+ **and besides** 게다가 (또), 그 밖에 또

Q: **What else do you like besides pizza?** 피자 외에 또 무엇을 좋아하나요?

A:

0170 ☐☐☐

bet
[bet]

n 내기 **v** 내기하다

= wager, gamble, stake, predict
+ **you bet!** 물론이지[바로 그거야]!

Q: **Wanna bet on the game?** 경기에 내기할래요?

A:

0171 ☐☐☐

bias
[ˈbaɪəs]

n 편견

= prejudice, favoritism, slant, partiality
+ **biased** **a** 편향된

Q: Isn't that a bit of a bias? 그것은 약간 편견 아닌가요?

A: ....

0172 ☐☐☐

bill
[bɪl]

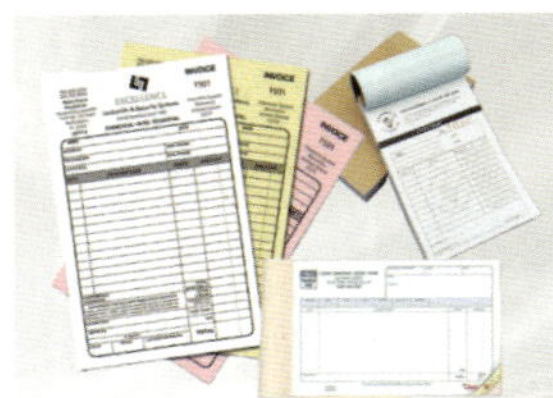

n 계산서, 지폐, 법안

= invoice, check, proposed law, banknote
+ **billing** **n** 청구

Q: Did you already pay the bill? 계산서 벌써 지불했나요?

A: ....

0173 ☐☐☐

billion
[ˈbɪljən]

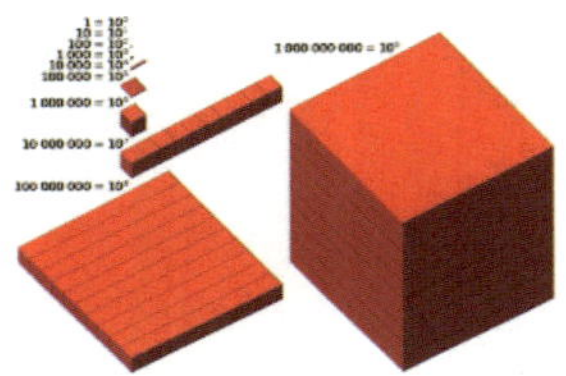

n 10억

= thousand million
+ **half a billion dollars** 5억 달러

Q: Can you imagine a billion dollars? 10억 달러를 상상할 수 있나요?

A: ....

0174 ☐☐☐

bind
[baɪnd]

v 묶다, 의무를 지우다

= tie, fasten, obligate, unite, constrain
+ **binder** **n** 바인더   **binding** **n** 묶는 것, 제본

Q: Can we bind these documents together? 이 서류들을 함께 묶을 수 있을까요?

A: ....

0175 ☐☐☐

biology
[baɪˈɑːlədʒi]

n 생물학

= life science, natural science
+ **biologist** **n** 생물학자   **biological** **a** 생물학적인   **biologically** **adv** 생물학적으로

Q: Did you enjoy biology in school? 학교에서 생물학을 재미있게 배웠나요?

A: ....

0176 ☐☐☐

birth
[bɜːrθ]

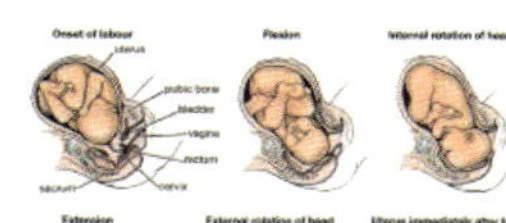

n 탄생, 출생

= origin, beginning, genesis, nativity
+ **bear** **v** 낳다

Q: When is your birth date again? 생일이 언제였는지 다시 한 번 말해 주실래요?

A:

0177 ☐☐☐

bit
[bɪt]

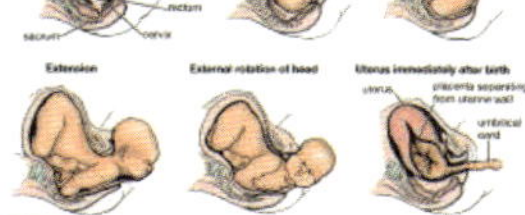

n 작은 조각, 조금

= piece, fragment, morsel, small amount
+ **a little bit** 조금

Q: Can I have a bit of that cake? 그 케이크 좀 먹어도 될까요?

A:

0178 ☐☐☐

bitter
[ˈbɪtər]

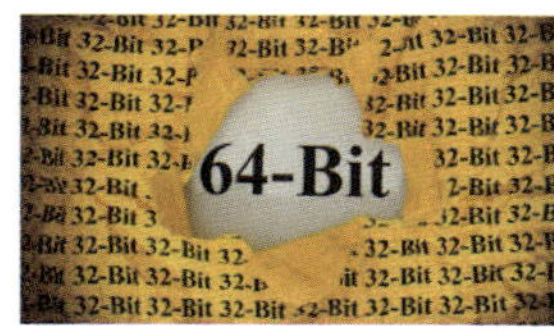

a 쓴, 쓰라린

= acrid, harsh, resentful, severe, intense
+ **bitterness** **n** 쓰라림, 비통함 **bitterly** **adv** 몹시, 쓰라리게

Q: Does this taste a little bitter to you? 이게 당신에게도 좀 쓰게 느껴지나요?

A:

0179 ☐☐☐

blame
[bleɪm]

n 비난 **v** 비난하다

= fault, responsibility, criticize, accuse
+ **blameless** **a** 흠 없는

Q: Why are you trying to blame me? 왜 저를 비난하려고 하나요?

A:

0180 ☐☐☐

blend
[blend]

v 섞다, 혼합하다

= mix, combine, mingle, fuse
+ **blend something in** (다른 재료를) 섞다[넣다]

Q: Do these colors blend well together? 이 색깔들이 잘 어울리나요?

A:

DAY 09 | DICTATION TEST

5회 반복 예문 QR

DICTATION **TEST** 예문 **QR**을 듣고 다음 빈칸에 올바른 단어를 쓰세요.

161. Did he actually _______________ for help?

162. Can you please _______________ yourself?

163. What caused his strange _______________?

164. Is that a personal _______________ of yours?

165. Do these books _______________ to you?

166. Can you _______________ down without pain?

167. Did you get any _______________ from it?

168. Who's sitting _______________ you?

169. What else do you like _______________ pizza?

170. Wanna _______________ on the game?

171. Isn't that a bit of a _______________?

172. Did you already pay the _______________?

173. Can you imagine a _______________ dollars?

174. Can we _______________ these documents together?

175. Did you enjoy _______________ in school?

176. When is your _______________ date again?

177. Can I have a _______________ of that cake?

178. Does this taste a little _______________ to you?

179. Why are you trying to _______________ me?

180. Do these colors _______________ well together?

DAY 10

30 days

PREVIEW A

다음 단어의 뜻을 한국어로 써보세요.

☐ bless	☐ branch
☐ block	☐ breathe
☐ bold	☐ breed
☐ bond	☐ brief
☐ boost	☐ brilliant
☐ booth	☐ broad
☐ border	☐ broadcast
☐ bother	☐ budget
☐ bow	☐ bullet
☐ brain	☐ bunch

PREVIEW B

사진을 보고 알맞은 영어 단어를 **PREVIEW A** 에서 찾아 써보세요.

0181 ☐☐☐

bless
[bles]

v 축복하다

= consecrate, sanctify, favor, bestow
+ **blessing** **n** 축복 **blessed** **a** 축복받은

Q: Does this good weather bless our outdoor event?
이 좋은 날씨가 우리의 야외 행사를 축복해 주나요?

A: ....

0182 ☐☐☐

block
[blɑːk]

n 블록, 장애물 **v** 막다

= obstruct, hinder, impede, section, piece
+ **blockage** **n** 막힘, 폐쇄

Q: Did something block the entrance? 무언가가 입구를 막았나요?

A: ....

0183 ☐☐☐

bold
[bould]

a 용감한, 대담한

= brave, daring, courageous, vivid, confident
+ **boldness** **n** 대담함 **boldly** **adv** 대담하게

Q: Wasn't that a pretty bold move? 그거 꽤 대담한 움직임 아니었나요?

A: ....

0184 ☐☐☐

bond
[bɑːnd]

n (접착용) 본드, 유대, 채권 **v** 결속시키다

= tie, connection, link, alliance, agreement
+ **bondage** **n** 속박, 노예 상태

Q: Do you feel a strong bond with her? 그녀와 강한 유대감을 느끼나요?

A: ....

0185 ☐☐☐

boost
[buːst]

n 증대, 격려 **v** 증대시키다

= enhance, promote, increase, lift, encourage
+ **a boost in car sales** 자동차 판매 증가

Q: Did that speech boost your confidence?
그 연설이 당신의 자신감을 높여주었나요?

A: ....

0186 ☐☐☐

booth
[buːθ]

n 부스, 칸막이

= **stall, cubicle, compartment, stand**
+ **photo booth** 즉석 사진 촬영 부스

Q: Did you visit their booth at the event? 행사에서 그들의 부스를 방문했나요?

A:

0187 ☐☐☐

border
['bɔːrdər]

n 국경, 가장자리 **v** (경계를) 접하다

= **boundary, frontier, edge, rim, adjoin**
+ **borderline** **a** 경계선의

Q: Have you crossed the border before? 전에 국경을 넘어본 적이 있나요?

A:

0188 ☐☐☐

bother
['bɑːðər]

v 귀찮게 하다, 신경 쓰다

= **annoy, disturb, trouble, concern, inconvenience**
+ **botheration** **n** 성가심

Q: Why does that bother you so much? 왜 그것이 당신을 그렇게 많이 괴롭히나요?

A:

0189 ☐☐☐

bow
[baʊ] **v** [boʊ] **n**

v (허리를 굽혀) 인사하다, 절하다 **n** 활

= **bend, curtsy, salute, yield, front (of a ship), knot**
+ **bow and arrow** 활과 화살 **bow tie** 나비넥타이

Q: Did she bow at the end of the show? 그녀는 쇼가 끝날 때 절을 했나요?

A:

0190 ☐☐☐

brain
[breɪn]

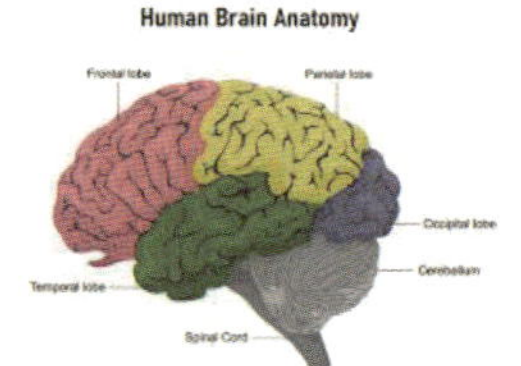

n 뇌

= **intellect, mind, genius, intelligence**
+ **brainy** **a** 똑똑한

Q: Is your brain overloaded today? 오늘 당신의 뇌가 과부하 되었나요?

A:

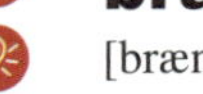

0191 ☐☐☐

branch
[bræntʃ]

n 가지, 지점 **v** 갈라지다

= limb, division, department, offshoot
+ **olive branch** 올리브 가지(평화의 상징), 화해의 말[행위]

Q: Which branch do you usually go to? 보통 어느 지점으로 가나요?

A: ....

0192 ☐☐☐

breathe
[briːð]

v 숨 쉬다

= inhale, exhale, respire, live
+ **breath** **n** 숨, 호흡 **breathless** **a** 숨 가쁜

Q: Can you breathe properly now? 이제 제대로 숨 쉴 수 있나요?

A: ....

0193 ☐☐☐

breed
[briːd]

v 번식하다, 사육하다 **n** 품종

= reproduce, raise, generate, species, type
+ **breeding** **n** 번식, 사육

Q: What breed is your dog? 당신의 개는 어떤 품종인가요?

A: ....

0194 ☐☐☐

brief
[briːf]

a 간결한, 짧은 **v** 요약해 알려주다 **n** (남성용 삼각 팬티로 지칭되는) 속옷

= short, concise, quick, summarize
+ **breifs** **n** 짧은 팬츠 **briefing** **n** 보고, 브리핑 **briefly** **adv** 간단히

Q: Can you give me a brief summary? 간단한 요약을 해줄 수 있나요?

A: ....

0195 ☐☐☐

brilliant
['brɪljənt]

a 훌륭한, 눈부신

= dazzling, intelligent, outstanding, superb
+ **brilliance** **n** 탁월함, 광채 **brilliantly** **adv** 훌륭하게, 찬란하게

Q: Wasn't that just a brilliant idea? 정말 멋진 아이디어 아니었나요?

A: ....

0196 ☐☐☐

broad
[brɔːd]

a 넓은

= **wide, extensive, comprehensive, general**
+ **breadth** **n** 폭, 너비 **broaden** **v** 넓히다 **broadly** **adv** 대략적으로, 넓게

Q: Isn't that topic too broad to cover? 그 주제는 다루기에 너무 광범위하지 않나요?

A: ________________

0197 ☐☐☐

broadcast
[ˈbrɔːdkæst]

n 방송 **v** 방송하다

= **transmit, air, disseminate, show**
+ **a public service broadcast** 공영 방송

Q: When will they broadcast the interview? 언제 인터뷰를 방송할 예정인가요?

A: ________________

0198 ☐☐☐

budget
[ˈbʌdʒɪt]

n 예산 **v** 예산을 세우다

= **finances, allocation, plan, allocate**
+ **a big-budget movie** 고예산[제작비가 많이 드는] 영화

Q: Is this within our budget? 이것이 우리 예산 범위 내에 있나요?

A: ________________

0199 ☐☐☐

bullet
[ˈbʊlɪt]

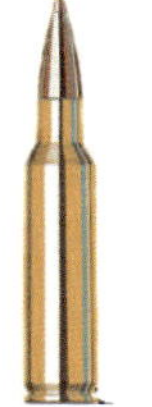

n 총알

= **projectile, shot, round**
+ **bite the bullet** (하기는 싫지만 피할 수는 없는 일을) 이를 악물고 하다

Q: Was that a real bullet? 그것이 진짜 총알이었나요?

A: ________________

0200 ☐☐☐

bunch
[bʌntʃ]

n 다발, 무리

= **cluster, group, collection, bouquet**
+ **a bunch of radishes** 무 한 단

Q: Did you bring a bunch of snacks? 간식을 많이 가져왔나요?

A: ________________

DAY 10 | DICTATION TEST

5회 반복 예문 QR

DICTATION **TEST** 예문 **QR**을 듣고 다음 빈칸에 올바른 단어를 쓰세요.

181. Does this good weather _______________ our outdoor event?

182. Did something _______________ the entrance?

183. Wasn't that a pretty _______________ move?

184. Do you feel a strong _______________ with her?

185. Did that speech _______________ your confidence?

186. Did you visit their _______________ at the event?

187. Have you crossed the _______________ before?

188. Why does that _______________ you so much?

189. Did she _______________ at the end of the show?

190. Is your _______________ overloaded today?

191. Which _______________ do you usually go to?

192. Can you _______________ properly now?

193. What _______________ is your dog?

194. Can you give me a _______________ summary?

195. Wasn't that just a _______________ idea?

196. Isn't that topic too _______________ to cover?

197. When will they _______________ the interview?

198. Is this within our _______________?

199. Was that a real _______________?

200. Did you bring a _______________ of snacks?

5회 반복 표제어 **QR**　5회 반복 예문 **QR**

DAY

11

30 days

PREVIEW A 　다음 단어의 뜻을 한국어로 써보세요.

☐ **burden**	☐ **cancer**
☐ **burst**	☐ **candidate**
☐ **bury**	☐ **candle**
☐ **bush**	☐ **capable**
☐ **business**	☐ **capital**
☐ **cable**	☐ **capture**
☐ **cage**	☐ **carbon**
☐ **calculate**	☐ **cardboard**
☐ **campaign**	☐ **career**
☐ **canal**	☐ **carnival**

PREVIEW B 　사진을 보고 알맞은 영어 단어를 PREVIEW A 에서 찾아 써보세요.

0201 ☐☐☐

burden
['bɜːrdn]

n 부담, 짐 **v** 부담을 지우다

= load, hardship, responsibility, encumbrance
+ burdensome **a** 짐이 되는, 부담스러운

Q: Do you feel like a burden to others? 다른 사람들에게 짐이 된다고 느끼나요?

A: ____

0202 ☐☐☐

burst
[bɜːrst]

v 터지다, 터뜨리다 **n** 터짐

= explode, rupture, break open, gush, eruption
+ burst out 버럭 소리를 지르다, 갑자기 ~하기 시작하다

Q: Did the balloon burst suddenly? 풍선이 갑자기 터졌나요?

A: ____

0203 ☐☐☐

bury
['beri]

v 묻다, 매장하다

= inter, entomb, conceal, hide
+ burial **n** 매장, 장례

Q: Where did they bury the time capsule? 그들은 타임캡슐을 어디에 묻었나요?

A: ____

0204 ☐☐☐

bush
[bʊʃ]

n 덤불, 관목

= shrub, thicket, scrub, clump
+ bushy **a** 덤불이 우거진, 숱이 많은

Q: Is there a rabbit hiding in that bush? 저 덤불 속에 토끼가 숨어 있나요?

A: ____

0205 ☐☐☐

business
['bɪznəs]

n 사업, 업무

= enterprise, company, firm, commerce, trade
+ businessman **n** (남자) 사업가 **businesswoman** **n** (여자) 사업가 **busy** **a** 바쁜

Q: How's your business doing these days? 요즘 사업은 어떻게 되고 있나요?

A: ____

0206 ☐☐☐

cable
[ˈkeɪbl]

n 케이블, 전선

= wire, cord, line, rope, telegram
+ cable car 케이블 카

Q: Is the cable connection working properly? 케이블 연결이 제대로 작동하나요?

A:

0207 ☐☐☐

cage
[keɪdʒ]

n 새장, 우리 **v** 우리에 가두다

= enclosure, coop, confine, trap
+ birdcage n 새장

Q: Can you see the bird in that cage? 저 새장 안에 있는 새가 보이나요?

A:

0208 ☐☐☐

calculate
[ˈkælkjuleɪt]

v 계산하다

= compute, figure out, determine, estimate, assess
+ calculation n 계산 **calculator n** 계산기 **calculable a** 계산 가능한

Q: Did you calculate the total cost? 총비용을 계산했나요?

A:

0209 ☐☐☐

campaign
[kæmˈpeɪn]

n 캠페인, 운동 **v** 캠페인을 벌이다

= movement, effort, crusade, drive, operate
+ military campaign 군사작전

Q: Are you joining the campaign next week? 다음 주에 캠페인에 참여할 건가요?

A:

0210 ☐☐☐

canal
[kəˈnæl]

n 운하

= waterway, channel, ditch, aqueduct
+ Panama Canal 파나마 운하

Q: Have you ever taken a boat ride on a canal? 운하에서 보트 타본 적 있나요?

A:

0211 ☐☐☐

cancer
[ˈkænsər]

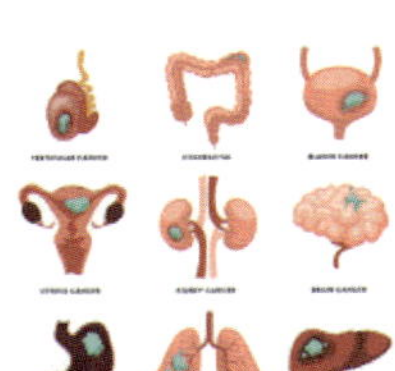

n 암

= malignancy, carcinoma, tumor
+ **cancerous** **a** 암에 걸린

Q: Are you worried about cancer risks? 암 위험에 대해 걱정하나요?

A:

0212 ☐☐☐

candidate
[ˈkændɪdət]

n 후보자

= applicant, nominee, contestant, contender
+ **a suitable candidate** 적합한 후보

Q: Who's the strongest candidate so far? 지금까지 누가 가장 강력한 후보인가요?

A:

0213 ☐☐☐

candle
[ˈkændl]

n 양초

= taper, wax light, illuminant
+ **light[put out] a candle** 촛불을 켜다[끄다]

Q: Did you light the birthday candle? 생일 초에 불을 붙였나요?

A:

0214 ☐☐☐

capable
[ˈkeɪpəbl]

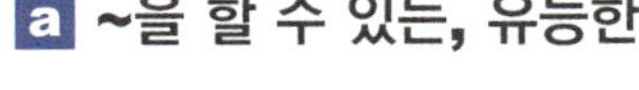

a ~을 할 수 있는, 유능한

= able, competent, apt, proficient, skilled
+ **capability** **n** 능력, 역량 **incapable** **a** 무능한, ~할 수 없는

Q: Do you think you're capable of handling this? 이것을 처리할 능력이 있다고 생각하나요?

A:

0215 ☐☐☐

capital
[ˈkæpɪtl]

n 수도, 자본, 대문자 **a** 수도의, 중요한

= city, funds, assets, main, chief
+ **capitalism** **n** 자본주의 **capitalist** **n** 자본가

Q: Is Seoul the capital of South Korea? 서울이 대한민국의 수도인가요?

A:

0216 ☐☐☐

capture
[ˈkæptʃər]

v 붙잡다, 포획하다　**n** 포획

= catch, seize, apprehend, secure, engross
+ **data capture** (특히 컴퓨터를 통한) 데이터 수집

Q: Did you capture the moment on camera? 그 순간을 카메라에 담았나요?

A: ____

0217 ☐☐☐

carbon
[ˈkɑːrbən]

n 탄소

= element, nonmetal, charcoal
+ **carbon dioxide CO2** 이산화탄소 **carbon monoxide CO** 일산화탄소

Q: Are you familiar with carbon footprints? 탄소 발자국에 대해 잘 아시나요?

A: ____

0218 ☐☐☐

cardboard
[ˈkɑːrgbɔːrd]

n 판지, 마분지

= corrugated, pasteboard, paperboard
+ **cardboard city** (도시의) 판자촌

Q: Can you recycle this cardboard box? 이 종이 상자 재활용할 수 있나요?

A: ____

0219 ☐☐☐

career
[kəˈrɪr]

n 직업, 경력

= profession, occupation, calling, vocation
+ **career woman** 직장 여성, 커리어 우먼(가정을 꾸리는 것보다 일을 더 중시하는 여성)

Q: What's your dream career? 당신의 꿈의 직업은 무엇인가요?

A: ____

0220 ☐☐☐

carnival
[ˈkɑːrnɪvl]

n 카니발, 축제

= festival, fair, fiesta, celebration
+ **the carnival in Rio** 리오 카니발

Q: Are you going to the carnival this weekend? 이번 주말에 카니발에 갈 건가요?

A: ____

DAY 11 | DICTATION TEST

5회 반복 예문 QR

DICTATION **TEST** 예문 **QR**을 듣고 다음 빈칸에 올바른 단어를 쓰세요.

201. Do you feel like a _______________ to others?

202. Did the balloon _______________ suddenly?

203. Where did they _______________ the time capsule?

204. Is there a rabbit hiding in that _______________?

205. How's your _______________ doing these days?

206. Is the _______________ connection working properly?

207. Can you see the bird in that _______________?

208. Did you _______________ the total cost?

209. Are you joining the _______________ next week?

210. Have you ever taken a boat ride on a _______________?

211. Are you worried about _______________ risks?

212. Who's the strongest _______________ so far?

213. Did you light the birthday _______________?

214. Do you think you're _______________ of handling this?

215. Is Seoul the _______________ of South Korea?

216. Did you _______________ the moment on camera?

217. Are you familiar with _______________ footprints?

218. Can you recycle this _______________ box?

219. What's your dream _______________?

220. Are you going to the _______________ this weekend?

5회 반복 표제어 QR   5회 반복 예문 QR

DAY 12
30 days

PREVIEW A 다음 단어의 뜻을 한국어로 써보세요.

☐ carve	☐ ceremony
☐ cast	☐ certain
☐ castle	☐ certainly
☐ casual	☐ certificate
☐ caution	☐ chain
☐ cautious	☐ challenge
☐ cease	☐ champion
☐ ceiling	☐ character
☐ celebrate	☐ characteristic
☐ cell	☐ charge

PREVIEW B 사진을 보고 알맞은 영어 단어를 PREVIEW A 에서 찾아 써보세요.

0221 ☐☐☐

carve
[kɑ:rv]

v 조각하다, 새기다

= sculpt, engrave, cut, slice, fashion
+ **carving** **n** 조각, 조각품 **carver** **n** 조각가

Q: Did you carve that yourself? 그거 직접 조각했나요?

A: ....

0222 ☐☐☐

cast
[kæst]

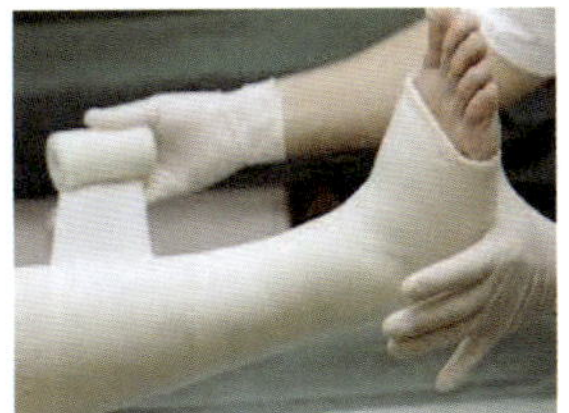

v 던지다, 주조하다 **n** 출연진, 깁스

= throw, fling, hurl, assign roles, actors
+ **cast a dice** 주사위를 던지다

Q: Who's in the cast of the play? 그 연극의 출연진은 누구인가요?

A: ....

0223 ☐☐☐

castle
['kæsl]

n 성

= fortress, stronghold, palace, chateau
+ **a ruined castle** 폐허가 된 성

Q: Have you ever visited a castle? 성 방문해 본 적 있나요?

A: ....

0224 ☐☐☐

casual
['kæʒuəl]

a 평상복의, 격식 없는, 우연한

= informal, relaxed, unplanned, accidental
+ **casually** **adv** 격식 없이, 우연히

Q: Is this a casual meeting or formal? 이 만남은 비공식적인가요, 아니면 공식적인가요?

A: ....

0225 ☐☐☐

caution
['kɔ:ʃn]

n 조심, 경고 **v** 경고하다

= warning, carefulness, heed, discretion, warn
+ **cautious** **a** 조심스러운 **cautiously** **adv** 조심스럽게

Q: Did they warn you to use caution? 그들이 조심하라고 경고했나요?

A: ....

0226 ☐☐☐

cautious
['kɔːʃəs]

a 조심스러운

= **careful, wary, discreet, prudent, circumspect**
+ **caution** n 주의, 조심 **cautiously** adv 조심스럽게

Q: Are you being too cautious about it? 그것에 대해 너무 조심하는 건 아닌가요?

A:

0227 ☐☐☐

cease
[siːs]

v 중단하다, 멈추다

= **stop, halt, end, discontinue, terminate**
+ **cessation** n 중단, 정지

Q: When did the noise cease? 그 소음은 언제 멈췄나요?

A:

0228 ☐☐☐

ceiling
['siːlɪŋ]

n 천장

= **roof (interior), limit, upper bound**
+ **glass ceiling** 유리 천장(여성이나 다른 집단이 높은 자리에 올라가지 못하게 막는, 눈에 보이지 않는 장벽)

Q: Has the ceiling been painted recently? 최근에 천장을 칠했나요?

A:

0229 ☐☐☐

celebrate
['selɪbreɪt]

v 축하하다

= **commemorate, observe, honor, rejoice, fete**
+ **celebration** n 축하, 기념 **celebrity** n 유명인 **celebrated** a 유명한

Q: How do you celebrate your birthday? 생일을 어떻게 축하하나요?

A:

0230 ☐☐☐

cell
[sel]

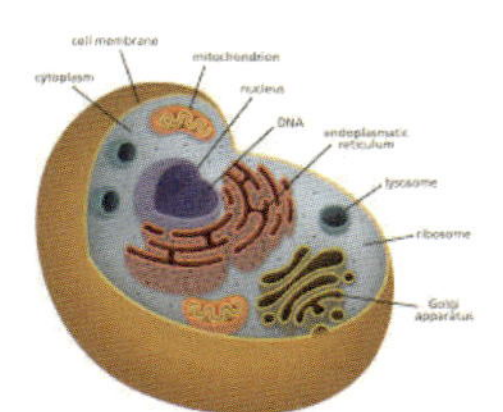

n 세포, 감방, 작은 방

= **unit, compartment, cubicle, prison cell, organism unit**
+ **cellular** a 세포의, 휴대전화의 **cell phone** 휴대폰

Q: Can scientists observe a single cell dividing under this microscope? 과학자들이 이 현미경으로 단일 세포가 분열하는 것을 관찰할 수 있나요?

A:

0231 ☐☐☐

ceremony
['serəmoʊni]

n 의식, 기념식

= ritual, rite, formality, observance
+ ceremonial **a** 의식의, 의례적인 ceremonially **adv** 의례적으로

Q: When is the award ceremony? 시상식은 언제인가요?
A:

0232 ☐☐☐

certain
['sɜːrtn]

a 확실한, 어떤

= sure, definite, undeniable, specific, particular
+ certainty **n** 확실성 uncertainty **n** 불확실성 certainly **adv** 확실히, 틀림없이

Q: Are you certain about the date? 날짜에 대해 확신하나요?
A:

0233 ☐☐☐

certainly
['sɜːrtnli]

adv 분명히, 틀림없이

= surely, definitely, undoubtedly, indeed
+ certain **a** 확실한 certainty **n** 확실성

Q: Can you certainly finish by tomorrow? 내일까지 확실히 마칠 수 있나요?
A:

0234 ☐☐☐

certificate
[sərˈtɪfɪkət]

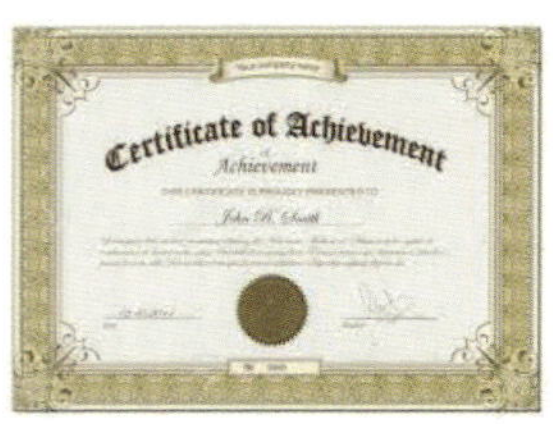

n 증명서, 자격증

= document, license, diploma, credential
+ certify **v** 인증하다, 증명하다 certification **n** 인증, 증명

Q: Did you get your certificate? 증명서를 받았나요?
A:

0235 ☐☐☐

chain
[tʃeɪn]

n 사슬, 연쇄 **v** 묶다

= series, sequence, string, link, shackle, bind
+ chain store 체인점 snow chain 스노 체인, 눈에 대비한 월동 체인

Q: Is this chain strong enough? 이 사슬이 충분히 튼튼한가요?
A:

0236 ☐☐☐

challenge
[ˈtʃælɪndʒ]

n 도전, 난관, 어려움 **v** 도전하다

= dare, test, difficulty, obstacle, defy
+ **challenger** **n** 도전자 **challenging** **a** 도전적인, 힘든

Q: What's the biggest challenge you've faced?
당신이 겪었던 가장 큰 난관은 무엇인가요?

A: ....

0237 ☐☐☐

champion
[ˈtʃæmpiən]

n 챔피언, 옹호자

= winner, victor, advocate, defend, support
+ **championship** **n** 선수권 대회, 챔피언십

Q: Who's the reigning champion now? 지금 누가 현 챔피언인가요?

A: ....

0238 ☐☐☐

character
[ˈkærəktər]

n 성격, 등장인물

= personality, trait, nature, figure, symbol
+ **characteristic** **a** 특유의, 특징적인 **characterize** **v** 특징짓다
characterization **n** 특징 묘사

Q: Which character do you like best? 어떤 캐릭터를 가장 좋아하나요?

A: ....

0239 ☐☐☐

characteristic
[ˌkærəktəˈrɪstɪk]

n 특징, 특성 **a** 특징적인

= trait, feature, quality, attribute, distinctive
+ **character** **n** 성격 **characteristically** **adv** 특징적으로

Q: What's your best characteristic? 당신의 가장 좋은 특징은 무엇인가요?

A: ....

0240 ☐☐☐

charge
[tʃɑːrdʒ]

n 요금, 책임, 비난 **v** 청구하다, 고발하다, 충전하다

= cost, fee, responsibility, accusation, attack, fill
+ **charger** **n** 충전기 **charged** **a** 충전된, 감정이 실린

Q: Did they charge you for delivery? 그들이 배달료를 청구했나요?

A: ....

DAY 12 | DICTATION TEST

5회 반복 예문 QR

DICTATION TEST 예문 **QR**을 듣고 다음 빈칸에 올바른 단어를 쓰세요.

221. Did you ＿＿＿＿＿＿＿ that yourself?

222. Who's in the ＿＿＿＿＿＿＿ of the play?

223. Have you ever visited a ＿＿＿＿＿＿＿?

224. Is this a ＿＿＿＿＿＿＿ meeting or formal?

225. Did they warn you to use ＿＿＿＿＿＿＿?

226. Are you being too ＿＿＿＿＿＿＿ about it?

227. When did the noise ＿＿＿＿＿＿＿?

228. Has the ＿＿＿＿＿＿＿ been painted recently?

229. How do you ＿＿＿＿＿＿＿ your birthday?

230. Can scientists observe a single ＿＿＿＿＿＿＿ dividing under this microscope?

231. When is the award ＿＿＿＿＿＿＿?

232. Are you ＿＿＿＿＿＿＿ about the date?

233. Can you ＿＿＿＿＿＿＿ finish by tomorrow?

234. Did you get your ＿＿＿＿＿＿＿?

235. Is this ＿＿＿＿＿＿＿ strong enough?

236. What's the biggest ＿＿＿＿＿＿＿ you've faced?

237. Who's the reigning ＿＿＿＿＿＿＿ now?

238. Which ＿＿＿＿＿＿＿ do you like best?

239. What's your best ＿＿＿＿＿＿＿?

240. Did they ＿＿＿＿＿＿＿ you for delivery?

PREVIEW A 다음 단어의 뜻을 한국어로 써보세요.

☐ charity	☐ chief
☐ charm	☐ childhood
☐ chart	☐ chop
☐ chase	☐ chore
☐ cheat	☐ chronic
☐ chef	☐ circuit
☐ chemical	☐ circulate
☐ chemistry	☐ circumstance
☐ cherish	☐ circus
☐ chest	☐ cite

PREVIEW B 사진을 보고 알맞은 영어 단어를 **PREVIEW** A 에서 찾아 써보세요.

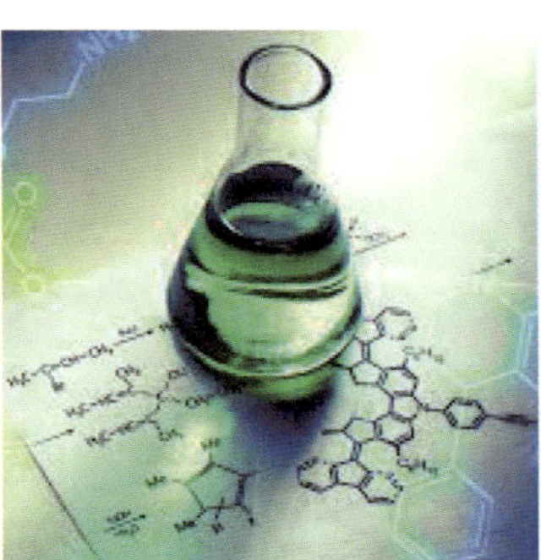

0241 ☐☐☐

charity
[ˈtʃærəti]

n 자선, 자선단체

= benevolence, generosity, aid, philanthropy, organization
+ charitable **a** 자선적인, 자비로운

Q: Do you often donate to charity? 자선 단체에 자주 기부하나요?

A: ....

0242 ☐☐☐

charm
[tʃɑːrm]

n 매력, 마법 **v** 매혹하다

= allure, appeal, charisma, spell, delight, attract
+ charming **a** 매력적인 charmed **a** 매료된 charmingly **adv** 매력적으로

Q: Does she have a natural charm? 그녀는 타고난 매력이 있나요?

A: ....

0243 ☐☐☐

chart
[tʃɑːrt]

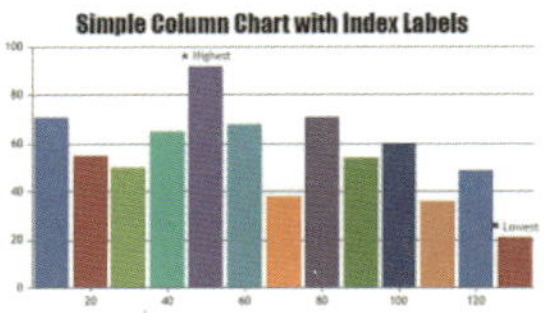

n 차트, 도표 **v** 기록하다

= graph, diagram, map, record, plot
+ a statistical chart 통계표

Q: Can you read this chart easily? 이 차트를 쉽게 읽을 수 있나요?

A: ....

0244 ☐☐☐

chase
[tʃeɪs]

v 뒤쫓다, 추적하다 **n** 추적

= pursue, follow, hunt, run after, pursuit
+ wild goose chase 부질없는 시도[추구], 헛된 노력

Q: Did you chase after the car? 그 차 뒤를 쫓아갔나요?

A: ....

0245 ☐☐☐

cheat
[tʃiːt]

v 속이다, 부정행위를 하다 **n** 사기꾼

= deceive, trick, defraud, swindle, faker
+ cheating **n** 부정행위

Q: Did he cheat on the test? 그가 시험에서 부정행위를 했나요?

A: ....

0246

chef
[ʃef]

n 요리사

= head cook, culinary artist
+ **a cordon bleu chef** 청수장[일류] 요리사[요리의 장인]

Q: Is he a professional chef? 그는 전문 요리사인가요?
A:

0247

chemical
['kemɪkl]

n 화학 물질 **a** 화학의

= substance, compound, synthetic
+ **chemist** n 화학자 **chemistry** n 화학 **chemically** adv 화학적으로

Q: Are these chemicals safe to use? 이 화학 물질들은 사용하기에 안전한가요?
A:

0248

chemistry
['kemɪstri]

n 화학

= composition, interaction, bond, science
+ **chemist** n 화학자 **chemical** a 화학의

Q: Do you think we have good chemistry as a team?
우리 팀 궁합이 잘 맞는다고 생각하나요?
A:

0249

cherish
['tʃerɪʃ]

v 소중히 여기다

= treasure, value, adore, appreciate, hold dear
+ **cherishment** n 소중히 여김

Q: Do you cherish your family time? 가족과의 시간을 소중히 여기나요?
A:

0250

chest
[tʃest]

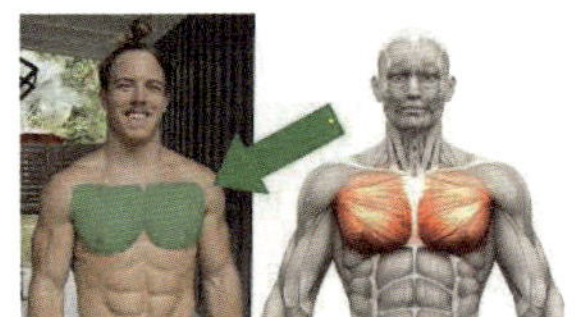

n 가슴, 궤, 상자

= thorax, breast, box, trunk
+ **tea chest** 차(茶) 상자 **hope chest** 혼수품(특히 과거에 처녀가 결혼 준비로 모아
보통 큰 궤에 넣어 두던 것)

Q: Is there something valuable in that chest? 저 상자 안에 귀중한 것이 있나요?
A:

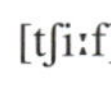

0251 ☐☐☐

chief
[tʃiːf]

a 주요한, 최고의 **n** 우두머리

= main, primary, principal, leader, head
+ **chiefly** `adv` 주로, 대개

Q: Who is the chief of the department? 그 부서의 책임자는 누구인가요?

A:

0252 ☐☐☐

childhood
['tʃaɪldhʊd]

n 어린 시절

= infancy, youth, early years, formative years
+ **child** **n** 아이 **childish** **a** 유치한 **childlike** **a** 아이 같은, 순진한

Q: Did you have a happy childhood? 행복한 어린 시절을 보냈나요?

A:

0253 ☐☐☐

chop
[tʃɑːp]

v 썰다, 자르다

= cut, hack, sever, dice, whack
+ **chop something down** (나무 같은 것을) 찍어[베어] 넘기다

Q: Can you chop vegetables quickly? 채소를 빨리 썰 수 있나요?

A:

0254 ☐☐☐

chore
[tʃɔːr]

n 허드렛일, 잡일

= task, duty, errand, household job
+ **chore boy** 잔심부름하는 아이

Q: What's your least favorite chore? 가장 싫어하는 집안일은 무엇인가요?

A:

0255 ☐☐☐

chronic
['krɑːnɪk]

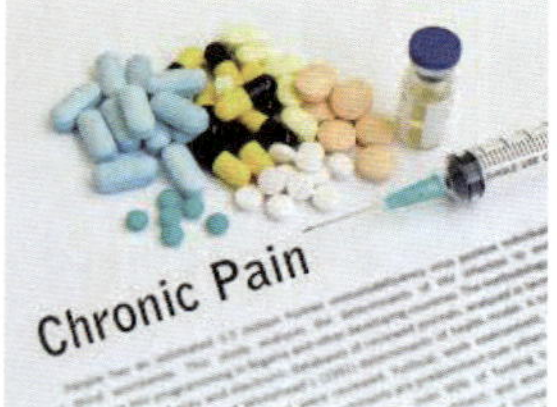

a 만성적인

= persistent, long-term, recurrent, lingering
+ **chronically** `adv` 만성적으로

Q: Are you dealing with any chronic pain? 만성 통증을 겪고 있나요?

A:

0256 ☐☐☐

circuit
['sɜːrkɪt]

n 회로, 순회

= loop, path, network, course, tour
+ **circuitous** **a** 우회하는

Q: Did the electricity circuit trip again? 전기 회로가 또 끊겼나요?

A:

0257 ☐☐☐

circulate
['sɜːrkjuleɪt]

v 순환하다, 유포하다

= spread, flow, distribute, disseminate
+ **circulation** **n** 순환, 유통   **circulator** **n** 순환기, 순회자

Q: Did the meeting minutes circulate to all attendees?
회의록이 모든 참석자에게 배포되었나요?

A:

0258 ☐☐☐

circumstance
['sɜːrkəmstæns]

n 상황, 환경

= situation, condition, state, factor
+ **circumstantial** **a** 정황적인

Q: Under what circumstance would you agree? 어떤 조건일 때 동의하시겠어요?

A:

0259 ☐☐☐

circus
['sɜːrkəs]

n 서커스

= big top, spectacle, show
+ **a circus ring** 원형으로 된 서커스 무대

Q: Have you ever been to a circus? 서커스에 가본 적 있나요?

A:

0260 ☐☐☐

cite
[saɪt]

v 인용하다, 언급하다

= quote, mention, refer to, commend
+ **citation** **n** 인용, 소환

Q: Did you remember to cite your sources? 출처를 인용하는 것을 잊지 않았나요?

A:

DAY 13 | DICTATION TEST

5회 반복 예문 QR

DICTATION **TEST** 예문 **QR**을 듣고 다음 빈칸에 올바른 단어를 쓰세요.

241. Do you often donate to ________________?

242. Does she have a natural ________________?

243. Can you read this ________________ easily?

244. Did you ________________ after the car?

245. Did he ________________ on the test?

246. Is he a professional ________________?

247. Are these ________________ safe to use?

248. Do you think we have good ________________ as a team?

249. Do you ________________ your family time?

250. Is there something valuable in that ________________?

251. Who is the ________________ of the department?

252. Did you have a happy ________________?

253. Can you ________________ vegetables quickly?

254. What's your least favorite ________________?

255. Are you dealing with any ________________ pain?

256. Did the electricity ________________ trip again?

257. Did the meeting minutes ________________ to all attendees?

258. Under what ________________ would you agree?

259. Have you ever been to a ________________?

260. Did you remember to ________________ your sources?

5회 반복 표제어 **QR**   5회 반복 예문 **QR**

DAY 14

30 days

PREVIEW A

다음 단어의 뜻을 한국어로 써보세요.

☐ citizen	☐ climate
☐ civil	☐ climbing
☐ claim	☐ closet
☐ clarify	☐ clue
☐ classic	☐ coal
☐ classical	☐ coast
☐ classify	☐ coincide
☐ clerk	☐ collaborate
☐ clever	☐ collapse
☐ cliff	☐ colleague

PREVIEW B

사진을 보고 알맞은 영어 단어를 **PREVIEW A** 에서 찾아 써보세요.

0261 ☐☐☐

citizen
['sɪtɪzn]

n 시민

= national, inhabitant, resident, civilian
+ citizenship **n** 시민권

Q: Are you a citizen of this country? 이 나라의 시민인가요?

A: ....

0262 ☐☐☐

civil
['sɪvl]

a 시민의, 민간의

= polite, courteous, public, civilian
+ civility **n** 정중함, 예의 **civilian** **n** 민간인 **civilly** **adv** 정중하게

Q: Is this a civil issue or criminal? 이것은 민사 문제인가요, 형사 문제인가요?

A: ....

0263 ☐☐☐

claim
[kleɪm]

v 주장하다, 요구하다 **n** 주장, 청구

= assert, declare, demand, state, allegation
+ claim something back ~을 돌려 달라고 요구하다

Q: Did he claim that it was your responsibility?
그가 그것이 당신 책임이라고 주장했나요?

A: ....

0264 ☐☐☐

clarify
['klærɪfaɪ]

v 명확히 하다

= explain, elucidate, make clear, simplify
+ clarification **n** 명확화 **clear** **a** 분명한

Q: Can you clarify what you mean? 무슨 뜻인지 명확히 설명해 줄 수 있나요?

A: ....

0265 ☐☐☐

classic
['klæsɪk]

n 고전, 명작 **a** 고전적인

= timeless, traditional, exemplary, standard, masterpiece
+ classicism **n** 고전주의 **classical** **a** 고전적인 **classically** **adv** 고전적으로

Q: Is this your favorite classic movie? 이것이 당신이 가장 좋아하는 고전 영화인가요?

A: ....

0266 ☐☐☐

classical
['klæsɪkl]

a 고전적인

= traditional, classic, historical (art/music)
+ **classic** **n** 고전   **classically** **adv** 고전적으로   **classical music** 클래식 음악

Q: Do you listen to classical music? 클래식 음악을 듣나요?

A:

0267 ☐☐☐

classify
['klæsɪfaɪ]

v 분류하다

= categorize, group, sort, arrange, systematize
+ **classification** **n** 분류   **classified** **a** 기밀의, 분류된

Q: How would you classify this book? 이 책을 어떻게 분류하시겠어요?

A:

0268 ☐☐☐

clerk
[klɜːrk]

n 사무원, 점원

= assistant, aide, receptionist, sales associate
+ **clerical** **n** 사무직의

Q: Did the clerk help you well? 점원이 잘 도와주었나요?

A:

0269 ☐☐☐

clever
['klevər]

a 영리한, 똑똑한

= intelligent, smart, ingenious, shrewd, witty
+ **cleverness** **n** 영리함   **cleverly** **adv** 영리하게

Q: Are you clever enough to solve this? 이것을 해결할 만큼 영리한가요?

A:

0270 ☐☐☐

cliff
[klɪf]

n 절벽

= precipice, rock face, bluff, crag
+ **cliff-hanging** **a** 손에 땀을 쥐게 하는, 아슬아슬한, 서스펜스가 있는

Q: Have you ever stood on a cliff? 절벽에 서 본 적 있나요?

A:

0271 ☐☐☐

climate
['klaɪmət]

n 기후

= weather, atmosphere, environment, prevailing conditions
+ climatic **a** 기후의

Q: Do you prefer warm or cold climate?
따뜻한 기후를 선호하나요, 추운 기후를 선호하나요?

A: ....

0272 ☐☐☐

climbing
['klaɪmɪŋ]

n 등반

= ascent, scaling, mountaineering
+ climb **v** 오르다

Q: Have you tried rock climbing? 암벽 등반을 해본 적 있나요?

A: ....

0273 ☐☐☐

closet
['klɑːzɪt]

n 벽장

= wardrobe, cupboard, locker, pantry
+ a walk-in closet 사람이 서서 드나들 수 있는 벽장

Q: Is your closet organized? 옷장이 정리되어 있나요?

A: ....

0274 ☐☐☐

clue
[kluː]

n 단서

= hint, lead, indicator, sign, evidence
+ clueless **a** 멍청한, 단서가 없는

Q: Do you have any clue about this? 이것에 대해 어떤 단서라도 있나요?

A: ....

0275 ☐☐☐

coal
[koʊl]

n 석탄

= fossil fuel, anthracite, carbon
+ coal mine 탄광

Q: Is coal still used for energy? 석탄이 아직 에너지원으로 사용되나요?

A: ....

0276 ☐☐☐

coast
[koʊst]

n 해안

= seashore, shoreline, beach, littoral
+ **coastal a** 해안의

Q: Do you live near the coast? 해안 근처에 사나요?

A:

0277 ☐☐☐

coincide
[ˌkoʊɪnˈsaɪd]

v 동시에 일어나다, 일치하다

= occur together, correspond, match, agree
+ **coincidence n** 우연의 일치 **coincidental a** 우연의

Q: Did your plans coincide with mine? 당신의 계획이 제 계획과 일치했나요?

A:

0278 ☐☐☐

collaborate
[kəˈlæbəreɪt]

v 협력하다

= cooperate, work together, conspire, partner
+ **collaboration n** 협업 **collaborator n** 협력자 **collaborative a** 협력적인

Q: Would you like to collaborate on this? 이것에 대해 협력하고 싶으신가요?

A:

0279 ☐☐☐

collapse
[kəˈlæps]

v 무너지다, 붕괴하다 **n** 붕괴

= fall down, crumble, disintegrate, fail, breakdown
+ **the collapse of moral certitudes** 도덕적 확신의 와해

Q: Did the building collapse after the quake? 지진 후에 건물이 붕괴되었나요?

A:

0280 ☐☐☐

colleague
[ˈkɑːliːg]

n 동료

= coworker, associate, peer, fellow worker
+ **former colleague** 예전 직장 동료

Q: Is your colleague friendly? 당신 동료는 친근한가요?

A:

DAY 14 | DICTATION TEST

5회 반복 예문 QR

DICTATION **TEST** 예문 **QR**을 듣고 다음 빈칸에 올바른 단어를 쓰세요.

261. Are you a _______________ of this country?

262. Is this a _______________ issue or criminal?

263. Did he _______________ that it was your responsibility?

264. Can you _______________ what you mean?

265. Is this your favorite _______________ movie?

266. Do you listen to _______________ music?

267. How would you _______________ this book?

268. Did the _______________ help you well?

269. Are you _______________ enough to solve this?

270. Have you ever stood on a _______________?

271. Do you prefer warm or cold _______________?

272. Have you tried rock _______________?

273. Is your _______________ organized?

274. Do you have any _______________ about this?

275. Is _______________ still used for energy?

276. Do you live near the _______________?

277. Did your plans _______________ with mine?

278. Would you like to _______________ on this?

279. Did the building _______________ after the quake?

280. Is your _______________ friendly?

5회 반복 표제어 **QR**　　5회 반복 예문 **QR**

PREVIEW **A** 다음 단어의 뜻을 한국어로 써보세요.

☐ collection	☐ commercial
☐ collective	☐ commit
☐ college	☐ committee
☐ combat	☐ common
☐ combine	☐ commonly
☐ comfort	☐ communicate
☐ comfortable	☐ communication
☐ command	☐ community
☐ comment	☐ commute
☐ commerce	☐ companion

PREVIEW **B** 사진을 보고 알맞은 영어 단어를 PREVIEW **A** 에서 찾아 써보세요.

0281 ☐☐☐

collection
[kəˈlekʃn]

n 수집, 소장품

= assortment, compilation, accumulation, group
+ collect **v** 모으다 collector **n** 수집가

Q: Is this your latest collection? 이것이 당신의 최신 컬렉션인가요?

A: ....

0282 ☐☐☐

collective
[kəˈlektɪv]

a 집단의, 공동의 **n** 집단

= shared, common, joint, communal, group
+ collectivism **n** 집단주의 collectively **adv** 집합적으로, 공동으로

Q: Do you prefer collective work or solo?
협력 작업을 선호하나요, 아니면 혼자 하는 작업을 선호하나요?

A: ....

0283 ☐☐☐

college
[ˈkɑːlɪdʒ]

n 대학, 단과대학

= university, institution, academy, school
+ collegiate **a** 대학의

Q: Did you enjoy college life? 대학 생활을 즐겼나요?

A: ....

0284 ☐☐☐

combat
[ˈkɑːmbæt] **n** [kəmˈbæt] **v**

n 전투, 싸움 **v** 싸우다

= fight, battle, struggle, conflict, oppose
+ combative **a** 전투적인

Q: Have you ever seen combat training? 전투 훈련을 본 적이 있나요?

A: ....

0285 ☐☐☐

combine
[kəmˈbaɪn]

v 결합하다

= merge, unite, integrate, mix, blend
+ combination **n** 조합, 결합 combined **a** 결합된

Q: Can we combine these two ideas? 이 두 가지 아이디어를 합칠 수 있을까요?

A: ....

0286 ☐☐☐

comfort
[ˈkʌmfərt]

n 위로, 안락 **v** 위로하다

= solace, ease, consolation, soothe, relieve
+ **comfortable** **a** 편안한 **uncomfortable** **a** 불편한 **comfortably** **adv** 편안하게

Q: Does this chair provide enough comfort? 이 의자가 충분한 편안함을 제공하나요?
A: ____________________________________

0287 ☐☐☐

comfortable
[ˈkʌmftəbl]

a 편안한

= cozy, relaxed, pleasant, at ease, snug
+ **comfort** **n** 편안함 **comfortably** **adv** 편안하게 **uncomfortable** **a** 불편한

Q: Are you comfortable sitting here? 여기 앉아 있는 것이 편안한가요?
A: ____________________________________

0288 ☐☐☐

command
[kəˈmænd]

n 명령, 지휘 **v** 명령하다, 지휘하다

= order, dictate, leadership, control, instruction
+ **commander** **n** 사령관 **commandment** **n** 계명

Q: Who gives the command here? 여기서 누가 명령을 내리나요?
A: ____________________________________

0289 ☐☐☐

comment
[ˈkɑːment]

n 논평, 의견 **v** 논평하다

= remark, observation, opinion, note, express
+ **commentary** **n** 논평, 해설 **commented** **a** 논평된

Q: Did you read the comments online? 온라인 댓글들을 읽었나요?
A: ____________________________________

0290 ☐☐☐

commerce
[ˈkɑːmɜːrs]

n 상업, 무역

= trade, business, industry, dealing
+ **commercial** **a** 상업의

Q: Is commerce changing because of online shopping?
온라인 쇼핑 때문에 상업이 변하고 있나요?
A: ____________________________________

0291 ☐☐☐

commercial
[kəˈmɜːrʃl]

a 상업의　**n** 광고

= advertising, business, economic, broadcast
+ commerce **n** 상업　commercially **adv** 상업적으로

Q: Have you seen that new commercial? 그 새로운 상업 광고를 봤나요?

A:

0292 ☐☐☐

commit
[kəˈmɪt]

v 저지르다, 전념하다

= perpetrate, perform, dedicate, promise, entrust
+ commitment **n** 약속, 헌신　committee **n** 위원회

Q: Are you ready to commit to this plan? 이 계획에 전념할 준비가 되었나요?

A:

0293 ☐☐☐

committee
[kəˈmɪti]

n 위원회

= board, council, panel, commission
+ steering committee 운영 위원회

Q: Who's on the committee this year? 올해 위원회에는 누가 있나요?

A:

0294 ☐☐☐

common
[ˈkɑːmən]

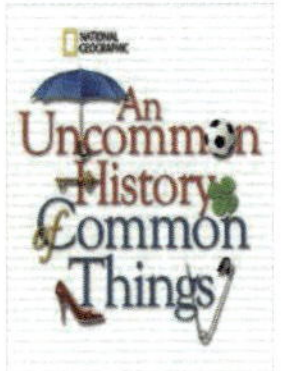

a 흔한, 공통의

= ordinary, usual, widespread, shared, typical
+ commonality **n** 공통성　commonness **n** 보통임　commonly **adv** 흔히, 일반적으로

Q: Is this a common problem here? 이것이 여기서 흔한 문제인가요?

A:

0295 ☐☐☐

commonly
[ˈkɑːmənli]

adv 흔히, 일반적으로

= often, generally, frequently, usually
+ common **a** 흔한, 공통의

Q: Is this word commonly used? 이 단어가 흔히 사용되나요?

A:

0296 ☐☐☐

communicate
[kəˈmjuːnɪkeɪt]

v 의사소통하다

= convey, express, transmit, interact, relate
+ **communication** **n** 의사소통 **communicative** **a** 의사소통이 잘 되는

Q: How do you communicate with your team? 팀과 어떻게 소통하나요?

A: ___________________________

0297 ☐☐☐

communication
[kəˌmjuːnɪˈkeɪʃn]

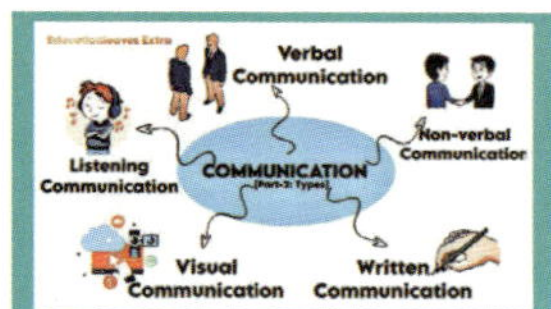

n 의사소통

= message, connection, interaction, exchange
+ **communicate** **v** 의사소통하다

Q: Is communication easy in your office? 사무실에서 소통이 잘 되나요?

A: ___________________________

0298 ☐☐☐

community
[kəˈmjuːnəti]

n 공동체, 지역사회

= society, populace, neighborhood, district
+ **community college** 커뮤니티 칼리지, 전문대학

Q: Are you active in your community? 지역 사회 활동에 적극적인가요?

A: ___________________________

0299 ☐☐☐

commute
[kəˈmjuːt]

v 통근하다 **n** 통근

= travel, journey, regular trip
+ **commuter** **n** 통근자

Q: How long is your daily commute? 매일 출퇴근하는 데 얼마나 걸리나요?

A: ___________________________

0300 ☐☐☐

companion
[kəmˈpænjən]

n 동반자, 친구

= comrade, partner, associate, friend, escort
+ **companionship** **n** 동료애

Q: Do you have a travel companion? 여행 동반자가 있나요?

A: ___________________________

DAY 15 | DICTATION TEST

5회 반복 예문 QR

DICTATION TEST 예문 **QR**을 듣고 다음 빈칸에 올바른 단어를 쓰세요.

281. Is this your latest ________________?

282. Do you prefer ________________ work or solo?

283. Did you enjoy ________________ life?

284. Have you ever seen ________________ training?

285. Can we ________________ these two ideas?

286. Does this chair provide enough ________________?

287. Are you ________________ sitting here?

288. Who gives the ________________ here?

289. Did you read the ________________ online?

290. Is ________________ changing because of online shopping?

291. Have you seen that new ________________?

292. Are you ready to ________________ to this plan?

293. Who's on the ________________ this year?

294. Is this a ________________ problem here?

295. Is this word ________________ used?

296. How do you ________________ with your team?

297. Is ________________ easy in your office?

298. Are you active in your ________________?

299. How long is your daily ________________?

300. Do you have a travel ________________?

5회 반복 표제어 **QR** 5회 반복 예문 **QR**

DAY 16
30 days

PREVIEW A 다음 단어의 뜻을 한국어로 써보세요.

☐ **company** ________________

☐ **compare** ________________

☐ **comparison** ________________

☐ **compass** ________________

☐ **compete** ________________

☐ **competition** ________________

☐ **competitive** ________________

☐ **complain** ________________

☐ **complaint** ________________

☐ **complement** ________________

☐ **complete** ________________

☐ **completely** ________________

☐ **complex** ________________

☐ **complicate** ________________

☐ **complicated** ________________

☐ **compliment** ________________

☐ **compose** ________________

☐ **compromise** ________________

☐ **conceal** ________________

☐ **concentrate** ________________

PREVIEW B 사진을 보고 알맞은 영어 단어를 **PREVIEW** A 에서 찾아 써보세요.

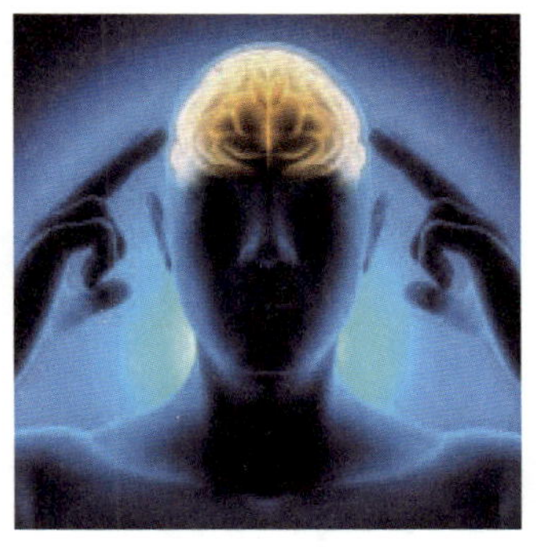

________________ ________________ ________________ ________________

0301 ☐☐☐

company
[ˈkʌmpəni]

n 회사, 동반, 친구

= firm, business, enterprise, companion, presence
+ the largest computer company in the world 세계 최대 컴퓨터 회사

Q: Do you like working in this company? 이 회사에서 일하는 것이 좋은가요?

A: ....

0302 ☐☐☐

compare
[kəmˈper]

v 비교하다

= contrast, liken, equate, differentiate
+ comparison **n** 비교 comparable **a** 비교할 만한 comparative **a** 비교의
comparatively **adv** 비교적으로

Q: Can you compare these two products? 이 두 제품을 비교해 줄 수 있나요?

A: ....

0303 ☐☐☐

comparison
[kəmˈpærɪsn]

n 비교

= contrast, parallel, analogy, resemblance
+ compare **v** 비교하다

Q: What's your comparison between these options?
이 선택지들에 대한 당신의 비교는 어떤가요?

A: ....

0304 ☐☐☐

compass
[ˈkʌmpəs]

n 나침반, 컴퍼스

= direction finder, range, extent, scope
+ a map and compass 지도와 나침반

Q: Do you know how to use a compass? 나침반을 사용할 줄 아나요?

A: ....

0305 ☐☐☐

compete
[kəmˈpiːt]

v 경쟁하다

= contend, vie, rival, strive, contest
+ competition **n** 경쟁 competitor **n** 경쟁자 competitive **a** 경쟁적인

Q: Are you ready to compete in the tournament?
토너먼트에 참가할 준비가 되었나요?

A: ....

0306 ☐☐☐

competition
[ˌkɑːmpəˈtɪʃn]

n 경쟁, 대회

= **rivalry, contest, tournament, challenge**
+ **compete** **v** 경쟁하다   **competitive** **a** 경쟁적인

Q: How fierce is the competition here? 여기 경쟁은 얼마나 치열한가요?

A: ________________________________

0307 ☐☐☐

competitive
[kəmˈpetətɪv]

a 경쟁적인, 경쟁력 있는

= **ambitious, rivalrous, cutthroat, contesting**
+ **competition** **n** 경쟁   **competitiveness** **n** 경쟁력   **competitively** **adv** 경쟁적으로

Q: Are you naturally competitive? 당신은 선천적으로 경쟁적인가요?

A: ________________________________

0308 ☐☐☐

complain
[kəmˈpleɪn]

v 불평하다

= **grumble, whine, protest, object, lament**
+ **complaint** **n** 불평

Q: Why do you always complain about work? 왜 항상 일에 대해 불평하나요?

A: ________________________________

0309 ☐☐☐

complaint
[kəmˈpleɪnt]

n 불평, 고소

= **grievance, protest, objection, ailment**
+ **complain** **v** 불평하다

Q: Did you file a complaint? 불만을 제기했나요?

A: ________________________________

0310 ☐☐☐

complement
[ˈkɑːmplɪment]

v 보완하다   **n** 보완물, (영문법) 보어

= **complete, enhance, supplement, balance**
+ **complementary** **a** 상호 보완적인

Q: Does this wine complement the meal? 이 와인이 식사와 잘 어울리나요?

A: ________________________________

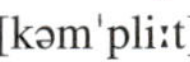

0311 ☐☐☐

complete
[kəmˈpliːt]

v 완료하다　**a** 완전한

= finish, conclude, total, entire, full
+ **completion** **n** 완료, 완성　**completely** **adv** 완전히

Q: Did you complete the assignment? 과제를 완료했나요?

A: _______________________________________

0312 ☐☐☐

completely
[kəmˈpliːtli]

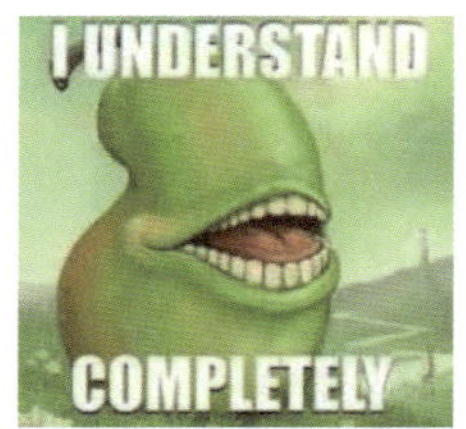

adv 완전히, 전적으로

= entirely, totally, fully, utterly, wholly
+ **complete** **a** 완전한　**completion** **n** 완료

Q: Are you completely sure about that? 그것에 대해 완전히 확신하나요?

A: _______________________________________

0313 ☐☐☐

complex
[ˈkɑːmpleks] **n** [kəmˈpleks] **a**

a 복잡한　**n** 복합체

= complicated, intricate, elaborate, sophisticated
+ **complexity** **n** 복잡성

Q: Is the problem more complex than it seems?
문제가 보이는 것보다 더 복잡한가요?

A: _______________________________________

0314 ☐☐☐

complicate
[ˈkɑːmplɪkeɪt]

v 복잡하게 만들다

= make difficult, entangle, muddle, confuse
+ **complication** **n** 복잡함, 합병증　**complicated** **a** 복잡한

Q: Did that issue complicate things? 그 문제가 상황을 복잡하게 만들었나요?

A: _______________________________________

0315 ☐☐☐

complicated
[ˈkɑːmplɪkeɪtɪd]

a 복잡한

= intricate, complex, difficult, convoluted
+ **complication** **n** 복잡함, 합병증　**complicate** **v** 복잡하게 만들다

Q: Is the situation really that complicated? 상황이 정말 그렇게 복잡한가요?

A: _______________________________________

0316 ☐☐☐

compliment
[ˈkɑ:mplɪmənt]

n 칭찬　**v** 칭찬하다

= praise, commendation, admiration, applaud, commend
+ **complimentary** **a** 칭찬하는, 무료의

Q: Did she compliment your work? 그녀가 당신의 일을 칭찬했나요?

A: ....

0317 ☐☐☐

compose
[kəmˈpoʊz]

v 구성하다, 작곡하다

= create, write, constitute, form, settle
+ **composition** **n** 구성, 작곡　**composer** **n** 작곡가

Q: Can you compose a quick email? 빠르게 이메일을 작성해 줄 수 있나요?

A: ....

0318 ☐☐☐

compromise
[ˈkɑ:mprəmaɪz]

n 타협　**v** 타협하다

= settlement, concession, agreement, concede, jeopardize
+ **No compromise!** 타협 반대

Q: Are you willing to compromise here? 여기서 타협할 의향이 있나요?

A: ....

0319 ☐☐☐

conceal
[kənˈsi:l]

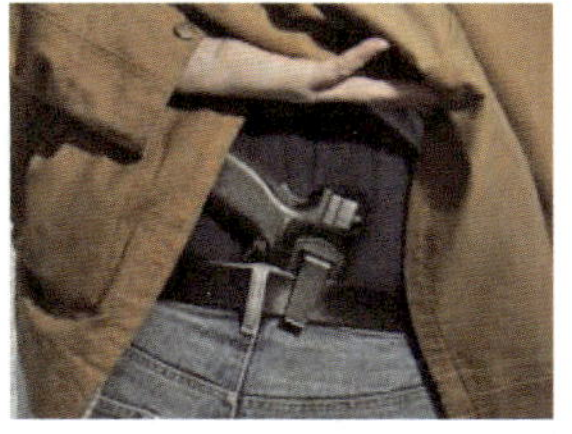

v 숨기다, 감추다

= hide, disguise, cover up, keep secret
+ **concealment** **n** 은폐

Q: Why would someone conceal the truth? 왜 누군가가 진실을 숨기려 할까요?

A: ....

0320 ☐☐☐

concentrate
[ˈkɑ:nsntreɪt]

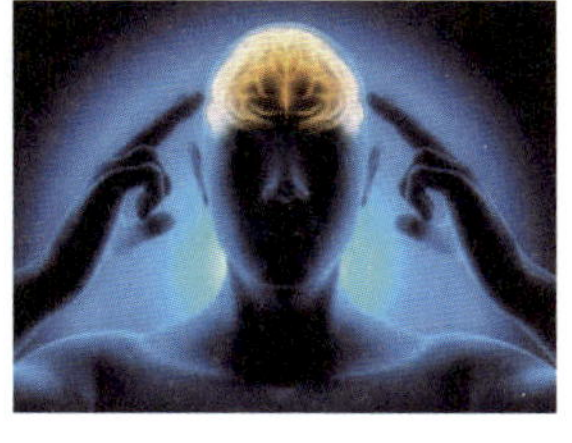

v 집중하다

= focus, gather, convene, condense, dedicate
+ **concentration** **n** 집중　**concentrated** **a** 집중된

Q: Can you concentrate with all this noise?
이 모든 소음 속에서도 집중할 수 있나요?

A: ....

DAY 16 | **DICTATION TEST**

5회 반복 예문 QR

DICTATION TEST 예문 **QR**을 듣고 다음 빈칸에 올바른 단어를 쓰세요.

301. Do you like working in this ______________?

302. Can you ______________ these two products?

303. What's your ______________ between these options?

304. Do you know how to use a ______________?

305. Are you ready to ______________ in the tournament?

306. How fierce is the ______________ here?

307. Are you naturally ______________?

308. Why do you always ______________ about work?

309. Did you file a ______________?

310. Does this wine ______________ the meal?

311. Did you ______________ the assignment?

312. Are you ______________ sure about that?

313. Is the problem more ______________ than it seems?

314. Did that issue ______________ things?

315. Is the situation really that ______________?

316. Did she ______________ your work?

317. Can you ______________ a quick email?

318. Are you willing to ______________ here?

319. Why would someone ______________ the truth?

320. Can you ______________ with all this noise?

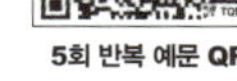

5회 반복 표제어 **QR**   5회 반복 예문 **QR**

DAY 17

30 days

PREVIEW A 다음 단어의 뜻을 한국어로 써보세요.

☐ concept	☐ confidence
☐ concern	☐ confident
☐ concerned	☐ confine
☐ conclude	☐ confirm
☐ conclusion	☐ conflict
☐ concrete	☐ conform
☐ condition	☐ confront
☐ conduct	☐ confuse
☐ conference	☐ congratulation
☐ confess	☐ conquer

PREVIEW B 사진을 보고 알맞은 영어 단어를 PREVIEW A 에서 찾아 써보세요.

______________   ______________   ______________   ______________

0321 ☐☐☐

concept
[ˈkɑːnsept]

n 개념

= idea, notion, theory, abstract idea
+ conceptual **a** 개념적인 conceptually **adv** 개념적으로

Q: Do you understand the concept clearly? 개념을 명확하게 이해하나요?

A: ___________________________________

0322 ☐☐☐

concern
[kənˈsɜːrn]

n 걱정, 관심사 **v** 걱정하다, 관련되다

= worry, anxiety, care, matter, involve, affect
+ concerned **a** 걱정하는, 관련된 concerning **prep** ~에 관한

Q: Is this a real concern for you? 이것이 당신에게 정말 걱정거리인가요?

A: ___________________________________

0323 ☐☐☐

concerned
[kənˈsɜːrnd]

a 걱정하는, 관련된

= worried, anxious, troubled, involved, related
+ concern **n** 걱정, 관심사

Q: Are you concerned about the results? 결과에 대해 걱정하고 있나요?

A: ___________________________________

0324 ☐☐☐

conclude
[kənˈkluːd]

v 결론 내리다, 끝내다

= finish, end, deduce, infer, decide
+ conclusion **n** 결론 conclusive **a** 결정적인 conclusively **adv** 결정적으로

Q: What did you conclude from the meeting? 회의에서 무엇을 결론 내렸나요?

A: ___________________________________

0325 ☐☐☐

conclusion
[kənˈkluːʒn]

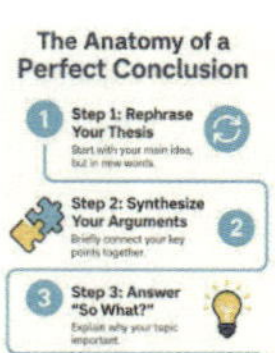

n 결론

= ending, outcome, inference, judgment, resolution
+ conclude **v** 결론 내리다

Q: Is that your final conclusion? 그것이 당신의 최종 결론인가요?

A: ___________________________________

0326 ☐☐☐

concrete
['kɑːnkriːt]

n 콘크리트 **a** 구체적인

= definite, specific, tangible, solid, material
+ **concrete mixer** 콘크리트 믹서(cement mixer)

Q: Is there a concrete plan? 구체적인 계획이 있나요?

A:

0327 ☐☐☐

condition
[kənˈdɪʃn]

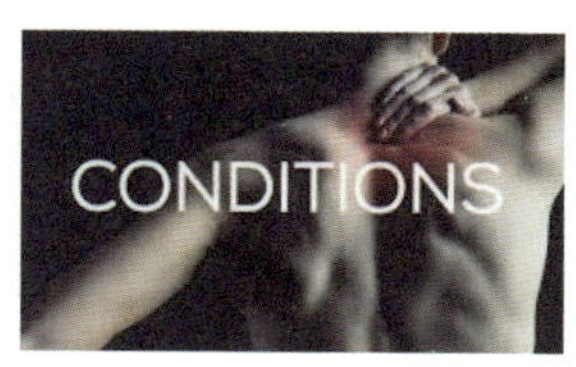

n 조건, 상태

= state, status, requirement, prerequisite, illness
+ **conditional** **a** 조건부의 **conditionally** **adv** 조건부로

Q: What's the condition of the car? 차 상태가 어떤가요?

A:

0328 ☐☐☐

conduct
[ˈkɑːndʌkt] **n** [kənˈdʌkt] **v**

v 수행하다, 지휘하다 **n** 행동, 수행

= behavior, management, direct, guide, perform
+ **conductor** **n** 지휘자, 전도체

Q: Who will conduct the interview? 누가 인터뷰를 진행할 건가요?

A:

0329 ☐☐☐

conference
[ˈkɑːnfərəns]

n 회의, 학회

= meeting, seminar, symposium, convention
+ **press conference** 기자 회견(news conference)

Q: Are you attending the conference? 회의에 참석할 건가요?

A:

0330 ☐☐☐

confess
[kənˈfes]

v 고백하다, 인정하다

= admit, acknowledge, reveal, disclose, profess
+ **confession** **n** 고백

Q: Will you confess if you made a mistake? 실수했다면 고백할 건가요?

A:

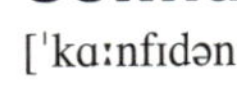

0331 ☐☐☐

confidence
[ˈkɑ:nfɪdəns]

n 자신감, 신뢰

= self-assurance, trust, belief, certainty
+ **confident** **a** 자신감 있는 **confidently** **adv** 자신감 있게

Q: Do you have confidence in your team? 팀에 대한 확신이 있나요?

A: ....

0332 ☐☐☐

confident
[ˈkɑ:nfɪdənt]

a 자신감 있는, 확신하는

= self-assured, certain, optimistic, bold
+ **confidence** **n** 자신감 **confidently** **adv** 자신감 있게

Q: Are you confident about your presentation? 프레젠테이션에 대해 자신 있나요?

A: ....

0333 ☐☐☐

confine
[kənˈfaɪn]

v 제한하다, 가두다

= restrict, limit, imprison, enclose
+ **confinement** **n** 감금, 제한

Q: Can we confine the discussion to the agenda?
논의 주제를 안건으로만 제한할 수 있을까요?

A: ....

0334 ☐☐☐

confirm
[kənˈfɜ:rm]

v 확인하다, 확정하다

= verify, affirm, establish, corroborate
+ **confirmation** **n** 확인, 확증 **confirmed** **a** 확인된

Q: Did they confirm the reservation? 예약을 확인했나요?

A: ....

0335 ☐☐☐

conflict
[ˈkɑ:nflɪkt] **n** [kənˈflɪkt] **v**

n 갈등, 충돌 **v** 충돌하다

= clash, dispute, struggle, disagreement, quarrel
+ **generational conflict** 세대 간의 갈등

Q: Is there a conflict between these two ideas?
이 두 아이디어 사이에 충돌이 있나요?

A: ....

0336 ☐☐☐

conform
[kənˈfɔːrm]

v 따르다, 일치하다, 순응하다

= comply, adapt, adhere, fit, match
+ **conformity** **n** 순응, 일치 **conformist** **a** 순응주의자

Q: Do you feel pressure to conform? 순응해야 한다는 압력을 느끼나요?

A:

0337 ☐☐☐

confront
[kənˈfrʌnt]

v 직면하다, 맞서다

= face, challenge, encounter, brave
+ **confrontation** **n** 대립, 직면

Q: Are you ready to confront the issue? 문제에 맞설 준비가 되었나요?

A:

0338 ☐☐☐

confuse
[kənˈfjuːz]

v 혼란시키다

= muddle, perplex, bewilder, jumble
+ **confusion** **n** 혼란 **confusing** **a** 혼란스러운 **confused** **a** 혼란스러운
confusingly **adv** 혼란스럽게

Q: Did that explanation confuse you? 그 설명이 당신을 혼란스럽게 했나요?

A:

0339 ☐☐☐

congratulation
[kənˌgrætʃuˈleɪʃn]

n 축하

= praise, felicitations, kudos, acclaim
+ **congratulate** **v** 축하하다

Q: Did you receive any congratulations? 축하를 받았나요?

A:

0340 ☐☐☐

conquer
[ˈkɑːŋkər]

v 정복하다

= overcome, defeat, subdue, vanquish
+ **conquest** **n** 정복 **conqueror** **n** 정복자

Q: How did you conquer your fear? 두려움을 어떻게 극복했나요?

A:

DAY 17 | DICTATION TEST

5회 반복 예문 QR

DICTATION **TEST** 예문 **QR**을 듣고 다음 빈칸에 올바른 단어를 쓰세요.

321. Do you understand the ________________ clearly?

322. Is this a real ________________ for you?

323. Are you ________________ about the results?

324. What did you ________________ from the meeting?

325. Is that your final ________________?

326. Is there a ________________ plan?

327. What's the ________________ of the car?

328. Who will ________________ the interview?

329. Are you attending the ________________?

330. Will you ________________ if you made a mistake?

331. Do you have ________________ in your team?

332. Are you ________________ about your presentation?

333. Can we ________________ the discussion to the agenda?

334. Did they ________________ the reservation?

335. Is there a ________________ between these two ideas?

336. Do you feel pressure to ________________?

337. Are you ready to ________________ the issue?

338. Did that explanation ________________ you?

339. Did you receive any ________________?

340. How did you ________________ your fear?

DAY

30 days

PREVIEW A 다음 단어의 뜻을 한국어로 써보세요.

☐ conscience _______________   ☐ constant _______________

☐ conscious _______________   ☐ constantly _______________

☐ consent _______________   ☐ construct _______________

☐ consequence _______________   ☐ construction _______________

☐ conserve _______________   ☐ consult _______________

☐ consider _______________   ☐ consume _______________

☐ considerable _______________   ☐ contact _______________

☐ considerate _______________   ☐ contain _______________

☐ consist _______________   ☐ container _______________

☐ consistent _______________   ☐ contemporary _______________

PREVIEW B 사진을 보고 알맞은 영어 단어를 PREVIEW A 에서 찾아 써보세요.

_______________   _______________   _______________   _______________

0341 ☐☐☐

conscience
['kɑːnʃəns]

n 양심

= morality, ethics, sense of right and wrong
+ **conscientious** **a** 양심적인

Q: Does your conscience bother you? 양심이 당신을 괴롭히나요?

A:

0342 ☐☐☐

conscious
['kɑːnʃəs]

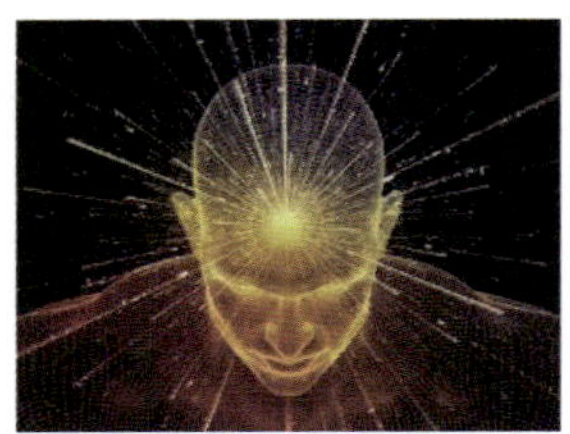

a 의식하는, 의식적인

= aware, awake, alert, deliberate, intentional
+ **consciousness** **n** 의식 **consciously** **adv** 의식적으로 **unconscious** **a** 무의식의
be conscious of ~을 인식하다, ~을 알아차리다

Q: Are you conscious of the time? 시간을 의식하고 있나요?

A:

0343 ☐☐☐

consent
[kənˈsent]

n 동의 **v** 동의하다

= agreement, permission, approval, agree, permit
+ **spousal consent** 배우자의 동의

Q: Did you get their consent? 그들의 동의를 얻었나요?

A:

0344 ☐☐☐

consequence
['kɑːnsəkwens]

n 결과, 중요성

= result, outcome, effect, aftermath
+ **consequent** **a** 결과로 일어나는 **consequential** **a** 중대한
consequently **adv** 결과적으로

Q: Are you ready for the consequences? 결과에 대해 준비가 되었나요?

A:

0345 ☐☐☐

conserve
[kənˈsɜːrv]

v 보존하다, 아끼다

= preserve, protect, save, maintain
+ **conservation** **n** 보존 **conservatism** **n** 보수주의 **conservative** **a** 보수적인

Q: Do you try to conserve water? 물을 절약하려고 노력하나요?

A:

0346 ☐☐☐

consider
[kənˈsɪdər]

v 고려하다, 생각하다

= contemplate, ponder, regard, think about, weigh
+ **consideration** n 고려, 숙고 **considerable** a 상당한 **considerate** a 사려 깊은

Q: Have you considered all your options? 모든 선택지를 고려해 봤나요?

A: ________________________

0347 ☐☐☐

considerable
[kənˈsɪdərəbl]

a 상당한, 중요한

= substantial, significant, ample, noteworthy
+ **consider** v 고려하다 **considerably** adv 상당히

Q: Was the damage considerable? 피해가 상당했나요?

A: ________________________

0348 ☐☐☐

considerate
[kənˈsɪdərət]

a 사려 깊은

= thoughtful, kind, solicitous, attentive
+ **consideration** n 배려 **considerately** adv 사려 깊게

Q: Are you always this considerate? 항상 이렇게 사려 깊은가요?

A: ________________________

0349 ☐☐☐

consist
[kənˈsɪst]

v ~으로 구성되다

= comprise, be composed of, be made up of
+ **consistency** n 일관성 **consistent** a 일관된 **consist of** ~으로 구성되다, ~으로 이루어져 있다

Q: Does this recipe consist of simple ingredients?
이 조리법은 간단한 재료들로 이루어져 있나요?

A: ________________________

0350 ☐☐☐

consistent
[kənˈsɪstənt]

a 일관된, 모순 없는

= uniform, constant, coherent, steady
+ **consistency** n 일관성 **consistently** adv 일관되게

Q: Are you consistent with your workouts? 운동을 꾸준히 하나요?

A: ________________________

0351 ☐☐☐

constant
[ˈkɑːnstənt]

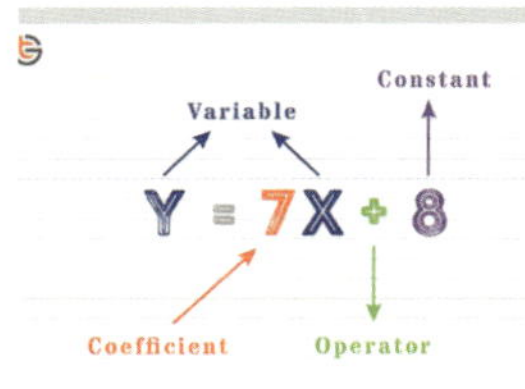

a 끊임없는, 불변의

= continuous, perpetual, ceaseless, unchanging
+ **constantcy** **n** 불변성 **constantly** **adv** 끊임없이, 계속

Q: Is the noise constant all day? 소음이 하루 종일 계속되나요?

A: ________________________________

0352 ☐☐☐

constantly
[ˈkɑːnstəntli]

adv 끊임없이, 계속

= always, continually, continuously, persistently
+ **constant** **a** 끊임없는, 일정한

Q: Do you constantly check your phone? 계속해서 휴대폰을 확인하나요?

A: ________________________________

0353 ☐☐☐

construct
[kənˈstrʌkt]

v 건설하다, 구성하다

= build, erect, create, assemble, form
+ **construction** **n** 건설 **constructor** **n** 건설업자 **constructive** **a** 건설적인

Q: Can they construct a new building here? 여기에 새 건물을 지을 수 있나요?

A: ________________________________

0354 ☐☐☐

construction
[kənˈstrʌkʃn]

n 건설, 건축

= building, erection, assembly, structure
+ **construct** **v** 건설하다

Q: Is the construction finished? 공사가 끝났나요?

A: ________________________________

0355 ☐☐☐

consult
[kənˈsʌlt]

v 상담하다, 참고하다

= seek advice, refer to, confer with
+ **consultation** **n** 상담 **consultant** **n** 컨설턴트

Q: Did you consult a doctor? 의사와 상담했나요?

A: ________________________________

0356 ☐☐☐

consume
[kənˈsuːm]

v 소비하다

= **eat, drink, use up, utilize, absorb**
+ **consumption** **n** 소비 **consumer** **n** 소비자 **consumable** **a** 소비할 수 있는

Q: How much coffee do you consume daily? 매일 커피를 얼마나 마시나요?

A:

0357 ☐☐☐

contact
[ˈkɑːntækt]

n 접촉, 연락 **v** 연락하다

= **touch, connection, communication, reach, get in touch with**
+ **contact lens** 콘택트렌즈

Q: Can I contact you later? 나중에 연락해도 될까요?

A:

0358 ☐☐☐

contain
[kənˈteɪn]

v 포함하다, 억제하다

= **hold, include, comprise, restrain, control**
+ **container** **n** 용기, 컨테이너 **containment** **n** 억제

Q: Does this box contain the tools? 이 상자에 도구가 들어있나요?

A:

0359 ☐☐☐

container
[kənˈteɪnər]

n 용기, 컨테이너

= **receptacle, holder, vessel, box**
+ **contain** **v** 포함하다

Q: Is the container recyclable? 용기는 재활용 가능한가요?

A:

0360 ☐☐☐

contemporary
[kənˈtempəreri]

a 현대의, 동시대의 **n** 동시대인

= **modern, current, coexisting, concurrent**
+ **contemporary writers** 동시대의 작가들

Q: Do you like contemporary art? 현대 미술을 좋아하나요?

A:

DAY 18 | DICTATION TEST

5회 반복 예문 QR

DICTATION **TEST** 예문 **QR**을 듣고 다음 빈칸에 올바른 단어를 쓰세요.

341. Does your _______________ bother you?

342. Are you _______________ of the time?

343. Did you get their _______________?

344. Are you ready for the _______________?

345. Do you try to _______________ water?

346. Have you _______________ all your options?

347. Was the damage _______________?

348. Are you always this _______________?

349. Does this recipe _______________ of simple ingredients?

350. Are you _______________ with your workouts?

351. Is the noise _______________ all day?

352. Do you _______________ check your phone?

353. Can they _______________ a new building here?

354. Is the _______________ finished?

355. Did you _______________ a doctor?

356. How much coffee do you _______________ daily?

357. Can I _______________ you later?

358. Does this box _______________ the tools?

359. Is the _______________ recyclable?

360. Do you like _______________ art?

5회 반복 표제어 **QR**　　5회 반복 예문 **QR**

DAY 19

30 days

PREVIEW A 다음 단어의 뜻을 한국어로 써보세요.

☐ content _____	☐ convention _____
☐ context _____	☐ conversation _____
☐ continent _____	☐ convert _____
☐ continue _____	☐ convey _____
☐ continuous _____	☐ convince _____
☐ contract _____	☐ cooperate _____
☐ contrary _____	☐ cooperative _____
☐ contrast _____	☐ coordinate _____
☐ contribute _____	☐ corporation _____
☐ convenient _____	☐ correctly _____

PREVIEW B 사진을 보고 알맞은 영어 단어를 PREVIEW A 에서 찾아 써보세요.

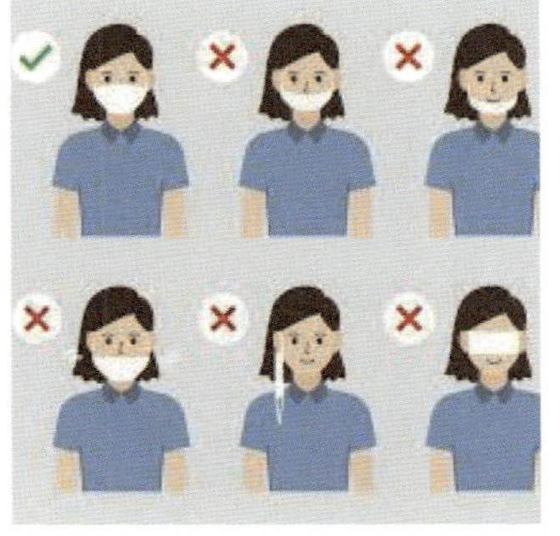

_____　　_____　　_____　　_____

0361 ☐☐☐

content
['kɑːntent] **n** [kənˈtent] **a**

n 내용, 만족 **a** 만족하는

= satisfied, pleased, happy, subject matter, substance
+ contentment **n** 만족   contented **a** 만족한

Q: Are you content with the results? 결과에 만족하나요?

A: ________________________________

0362 ☐☐☐

context
['kɑːntekst]

n 맥락, 문맥

= framework, background, circumstances, setting
+ contextual **a** 상황적인, 맥락적인   contextually **adv** 맥락상으로

Q: Did you understand the context clearly? 맥락을 명확하게 이해했나요?

A: ________________________________

0363 ☐☐☐

continent
['kɑːntɪnənt]

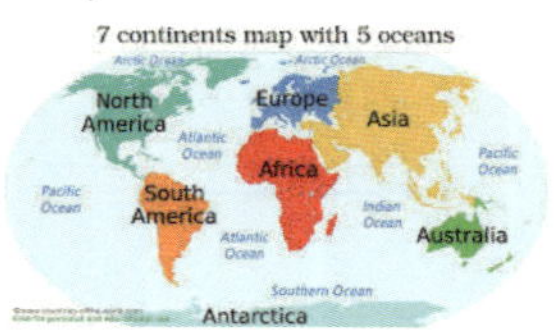

n 대륙

= landmass, mainland
+ continental **a** 대륙의

Q: Which continent do you want to visit? 어떤 대륙을 방문하고 싶나요?

A: ________________________________

0364 ☐☐☐

continue
[kənˈtɪnjuː]

v 계속하다

= proceed, go on, resume, persist
+ continuation **n** 계속, 속행   continual **a** 계속적인, 빈번한   continuous **a** 연속적인
continually **adv** 계속해서   continuously **adv** 끊임없이

Q: Will you continue after the break? 쉬는 시간 후에 계속할 건가요?

A: ________________________________

0365 ☐☐☐

continuous
[kənˈtɪnjuəs]

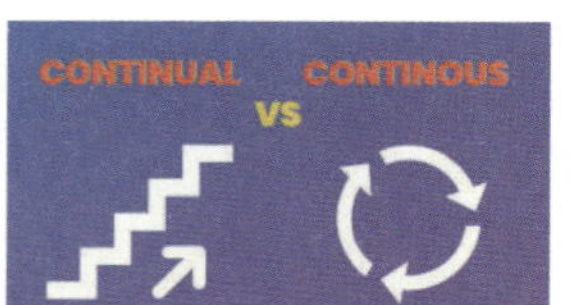

a 계속적인, 끊임없는

= unbroken, uninterrupted, constant, perpetual
+ continuity **n** 연속성   continuously **adv** 끊임없이

Q: Is the rain continuous all day? 비가 하루 종일 계속 오나요?

A: ________________________________

0366 ☐☐☐

contract
[ˈkɑːntrækt] **n** [kənˈtrækt] **v**

n 계약 **v** 계약하다, 수축하다

= **agreement, deal, pact, shrink, sign**
+ **contraction** **n** 수축 **contractual** **a** 계약상의

Q: **Did you sign the contract?** 계약서에 서명했나요?
A:

0367 ☐☐☐

contrary
[ˈkɑːntreri]

a 반대의 **n** 반대

= **opposite, conflicting, adverse, opposing**
+ **contrast** **n** 대조 **contrarily** **adv** 반대로

Q: **Is that contrary to what you expected?** 그것이 당신이 예상했던 것과 반대인가요?
A:

0368 ☐☐☐

contrast
[ˈkɑːntræst] **n** [kənˈtræst] **v**

n 대조, 대비 **v** 대조하다

= **difference, distinction, comparison, differentiate**
+ **contrasting** **a** 대조적인

Q: **Can you see the contrast between these?** 이것들 사이의 대조를 볼 수 있나요?
A:

0369 ☐☐☐

contribute
[kənˈtrɪbjuːt]

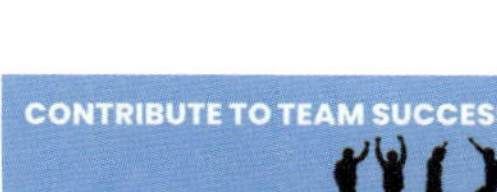

v 기여하다, 기부하다

= **donate, give, provide, assist, add to**
+ **contribution** **n** 기여 **contributor** **n** 기여자

Q: **How did you contribute to the project?** 프로젝트에 어떻게 기여했나요?
A:

0370 ☐☐☐

convenient
[kənˈviːniənt]

a 편리한

= **handy, suitable, accessible, practical**
+ **convenience** **n** 편의 **conveniently** **adv** 편리하게 **inconvenient** **a** 불편한

Q: **Is this time convenient for you?** 이 시간이 당신에게 편리한가요?
A:

0371 ☐☐☐

convention
[kənˈvenʃn]

n 관습, 대회, 협약

= agreement, custom, meeting, conference
+ conventional **a** 전통적인, 관례적인 conventionally **adv** 관례적으로

Q: Are you attending the convention next month?
다음 달 컨벤션에 참석할 건가요?
A:

0372 ☐☐☐

conversation
[ˌkɑːnvərˈseɪʃn]

n 대화

= talk, discussion, dialogue, chat
+ converse **v** 대화하다

Q: Did you have a good conversation? 좋은 대화를 나눴나요?
A:

0373 ☐☐☐

convert
[kənˈvɜːrt]

v 전환하다, 개조하다

= change, transform, alter, adapt, switch
+ conversion **n** 전환, 개조 convertible **n** 컨버터블

Q: Can you convert this file to PDF? 이 파일을 PDF로 변환해 줄 수 있나요?
A:

0374 ☐☐☐

convey
[kənˈveɪ]

v 전달하다, 나르다

= communicate, transmit, express, transport, carry
+ conveyance **n** 전달, 운송

Q: Did you convey your message clearly? 메시지를 명확하게 전달했나요?
A:

0375 ☐☐☐

convince
[kənˈvɪns]

v 설득하다, 납득시키다

= persuade, assure, satisfy, win over
+ conviction **n** 확신, 유죄 판결 convincing **a** 설득력 있는 convinced **a** 확신하는
  convincingly **adv** 설득력 있게

Q: Can you convince them to join? 그들을 설득해서 참여시킬 수 있나요?
A:

0376 ☐☐☐

cooperate
[koʊˈɑːpəreɪt]

v 협력하다

= collaborate, work together, assist, join forces
+ **cooperation** **n** 협력 **cooperative** **a** 협력적인 **cooperatively** **adv** 협력하여

Q: Will you cooperate with the team? 팀과 협력할 건가요?

A: ....

0377 ☐☐☐

cooperative
[koʊˈɑːpərətɪv]

a 협력적인 **n** 협동조합

= collaborative, helpful, willing to cooperate
+ **cooperation** **n** 협력 **cooperatively** **adv** 협력하여

Q: Is your colleague cooperative? 당신의 동료는 협조적인가요?

A: ....

0378 ☐☐☐

coordinate
[koʊˈɔːrdɪneɪt]

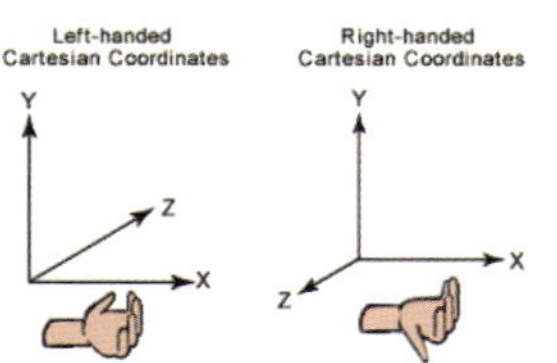

v 조화시키다, 조정하다 **n** 좌표

= organize, harmonize, synchronize, arrange
+ **coordination** **n** 조정, 협조 **coordinator** **n** 조정자

Q: Can you coordinate the schedule? 일정을 조율해 줄 수 있나요?

A: ....

0379 ☐☐☐

corporation
[ˌkɔːrpəˈreɪʃn]

n 기업, 법인

= company, firm, enterprise, business
+ **corporate** **a** 기업의

Q: Is this corporation well-known? 이 기업은 잘 알려져 있나요?

A: ....

0380 ☐☐☐

correctly
[kəˈrektli]

adv 정확하게

= accurately, properly, precisely, rightly
+ **correct** **a** 올바른 **correctness** **n** 정확성

Q: Did you do it correctly? 정확하게 했나요?

A: ....

DAY 19 | DICTATION TEST

5회 반복 예문 **QR**

DICTATION TEST 예문 **QR**을 듣고 다음 빈칸에 올바른 단어를 쓰세요.

361. Are you _____________ with the results?

362. Did you understand the _____________ clearly?

363. Which _____________ do you want to visit?

364. Will you _____________ after the break?

365. Is the rain _____________ all day?

366. Did you sign the _____________?

367. Is that _____________ to what you expected?

368. Can you see the _____________ between these?

369. How did you _____________ to the project?

370. Is this time _____________ for you?

371. Are you attending the _____________ next month?

372. Did you have a good _____________?

373. Can you _____________ this file to PDF?

374. Did you _____________ your message clearly?

375. Can you _____________ them to join?

376. Will you _____________ with the team?

377. Is your colleague _____________?

378. Can you _____________ the schedule?

379. Is this _____________ well-known?

380. Did you do it _____________?

5회 반복 표제어 **QR**   5회 반복 예문 **QR**

DAY 20
30 days

PREVIEW A 다음 단어의 뜻을 한국어로 써보세요.

☐ **costly** ______________________

☐ **cotton** ______________________

☐ **council** ______________________

☐ **counsel** ______________________

☐ **counselor** ______________________

☐ **crack** ______________________

☐ **craft** ______________________

☐ **crash** ______________________

☐ **crawl** ______________________

☐ **crazy** ______________________

☐ **creation** ______________________

☐ **creature** ______________________

☐ **credit** ______________________

☐ **crime** ______________________

☐ **criminal** ______________________

☐ **crisis** ______________________

☐ **critical** ______________________

☐ **criticize** ______________________

☐ **crop** ______________________

☐ **crowd** ______________________

PREVIEW B 사진을 보고 알맞은 영어 단어를 PREVIEW A 에서 찾아 써보세요.

____________ ____________ ____________ ____________

0381 ☐☐☐

costly
['kɔːstli]

a 값비싼, 비용이 많이 드는

= expensive, pricy, exorbitant, valuable
+ cost **n** 비용

Q: Was the repair really that costly? 수리가 정말 그렇게 비쌌나요?

A:

0382 ☐☐☐

cotton
['kɑːtn]

n 면, 솜

= fabric, thread, textile, plant fiber
+ cotton candy 솜사탕(candyfloss)

Q: Is this shirt made of cotton? 이 셔츠는 면으로 만들어졌나요?

A:

0383 ☐☐☐

council
['kaʊnsl]

n 의회, 협의회

= committee, board, assembly, panel
+ a city[county/borough/district] council 시[지방/자치구/지역] 의회[위원회]

Q: Did the council approve the plan? 의회가 그 계획을 승인했나요?

A:

0384 ☐☐☐

counsel
['kaʊnsl]

n 조언, 상담 **v** 조언하다

= advise, guide, recommend, guidance, advice
+ counselor[counsellor] **n** 상담가

Q: Have you talked to legal counsel? 법률 고문과 이야기해 봤나요?

A:

0385 ☐☐☐

counselor
['kaʊnsələr]

n 카운슬러, 상담사, 조언자

= advisor, therapist, guide, mentor
+ counsel **v** 상담하다

Q: Is the school counselor helpful? 학교 상담 선생님이 도움이 되나요?

A:

0386 ☐☐☐

crack
[kræk]

n 균열, 틈　**v** 금이 가다, 깨다

= fracture, break, split, fissure, solve
+ **cracked** **a** 금이 간

Q: Did you hear that crack? 그 금 가는 소리 들었나요?

A: _______________________

0387 ☐☐☐

craft
[kræft]

n 기술, 공예　**v** 공들여 만들다

= skill, art, trade, vessel, create
+ **craftsmanship** **n** 장인 정신　**crafter** **n** 공예가

Q: Do you enjoy any crafts? 어떤 공예를 즐기나요?

A: _______________________

0388 ☐☐☐

crash
[kræʃ]

n 충돌, 추락　**v** 충돌하다, 추락하다

= collide, smash, break, failure, collapse
+ **the 1987 stock market crash** 1987년의 증권 시장 붕괴

Q: Did the car crash cause serious damage?
그 자동차 사고가 심각한 피해를 입혔나요?

A: _______________________

0389 ☐☐☐

crawl
[krɔːl]

v 기어가다

= creep, inch, drag, move slowly
+ **crawler** **n** 기어 다니는 것

Q: Can the baby crawl? 아기가 기어 다닐 수 있나요?

A: _______________________

0390 ☐☐☐

crazy
['kreɪzi]

a 미친, 열광적인

= insane, mad, absurd, enthusiastic, wild
+ **craziness** **n** 미친 짓, 정신 이상　**crazily** **adv** 미친 듯이

Q: Are you feeling crazy today? 오늘 미친 것 같나요?

A: _______________________

0391 ☐☐☐

creation
[kriˈeɪʃn]

n 창조, 창조물

= formation, invention, production, artwork
+ create **v** 창조하다 creator **n** 창조자 creativity **n** 창의성 creative **a** 창의적인

Q: What inspired this creation? 무엇이 이 창조물에 영감을 주었나요?

A:

0392 ☐☐☐

creature
[ˈkriːtʃər]

n 생물, 피조물

= animal, being, living thing, beast
+ create **v** 창조하다

Q: Have you seen that strange creature? 그 이상한 생물을 본 적 있나요?

A:

0393 ☐☐☐

credit
[ˈkredɪt]

n 신용, 학점, 칭찬 **v** ~의 공으로 돌리다

= praise, recognition, trust, loans, acknowledge, believe
+ creditor **n** 채권자 creditable **a** 칭찬할 만한

Q: Did you get credit for the work? 그 일에 대해 공로를 인정받았나요?

A:

0394 ☐☐☐

crime
[kraɪm]

n 범죄

= offense, felony, misdemeanor, wrongdoing
+ criminal **n** 범죄자

Q: Is crime rate going up here? 여기 범죄율이 올라가고 있나요?

A:

0395 ☐☐☐

criminal
[ˈkrɪmɪnl]

n 범죄자 **a** 범죄의

= culprit, offender, felon, unlawful, illegal
+ crime **n** 범죄 criminally **adv** 범죄적으로

Q: Was the criminal caught? 범인이 잡혔나요?

A:

0396 ☐☐☐

crisis
[ˈkraɪsɪs]

n 위기

= emergency, predicament, disaster, turning point
+ **an energy crisis** 에너지 위기

Q: How did you handle the crisis? 위기를 어떻게 다뤘나요?

A: ______

0397 ☐☐☐

critical
[ˈkrɪtɪkl]

a 비판적인, 중요한, 위기의

= crucial, vital, important, judgmental, analytical
+ **critic** **n** 비평가 **criticism** **n** 비판 **criticize** **v** 비판하다 **critically** **adv** 비판적으로, 결정적으로

Q: Is the situation critical? 상황이 위급한가요?

A: ______

0398 ☐☐☐

criticize
[ˈkrɪtɪsaɪz]

v 비판하다

= blame, condemn, evaluate, find fault with
+ **criticism** **n** 비판 **critic** **n** 비평가 **critical** **a** 비판적인

Q: Why do these people criticize so much? 저 사람들은 왜 그렇게 많이 비판하나요?

A: ______

0399 ☐☐☐

crop
[krɑːp]

n 작물, 수확 **v** 자르다

= harvest, produce, yield, cultivate, trim
+ **cash crop** 환금 작물

Q: Did the crop survive the storm? 작물이 폭풍우에서 살아남았나요?

A: ______

0400 ☐☐☐

crowd
[kraʊd]

n 군중, 무리 **v** 모여들다

= throng, multitude, group, gather, push
+ **crowded** **a** 붐비는

Q: Was the crowd really that big? 군중이 정말 그렇게 많았나요?

A: ______

DAY 20 | DICTATION TEST

5회 반복 예문 **QR**

DICTATION **TEST** 예문 **QR**을 듣고 다음 빈칸에 올바른 단어를 쓰세요.

381. Was the repair really that _______________?

382. Is this shirt made of _______________?

383. Did the _______________ approve the plan?

384. Have you talked to legal _______________?

385. Is the school _______________ helpful?

386. Did you hear that _______________?

387. Do you enjoy any _______________?

388. Did the car _______________ cause serious damage?

389. Can the baby _______________?

390. Are you feeling _______________ today?

391. What inspired this _______________?

392. Have you seen that strange _______________?

393. Did you get _______________ for the work?

394. Is _______________ rate going up here?

395. Was the _______________ caught?

396. How did you handle the _______________?

397. Is the situation _______________?

398. Why do these people _______________ so much?

399. Did the _______________ survive the storm?

400. Was the _______________ really that big?

5회 반복 표제어 **QR** 5회 반복 예문 **QR**

DAY 21

30 days

PREVIEW A 다음 단어의 뜻을 한국어로 써보세요.

☐ crowded	☐ curve
☐ crucial	☐ custom
☐ cruel	☐ customer
☐ crush	☐ cyber
☐ cultivate	☐ cycle
☐ cultural	☐ damage
☐ cure	☐ damp
☐ curiosity	☐ dare
☐ curious	☐ data
☐ current	☐ daytime

PREVIEW B 사진을 보고 알맞은 영어 단어를 PREVIEW A 에서 찾아 써보세요.

 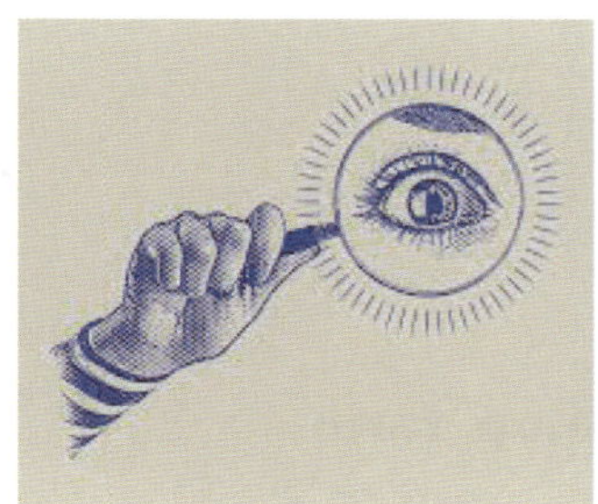  

0401 ☐☐☐

crowded
[ˈkraʊdɪd]

a 붐비는, 혼잡한

= packed, jammed, congested, dense, teeming
+ **crowd** **v** 붐비다, 가득 채우다

Q: Is this place always this crowded? 이곳은 항상 이렇게 붐비나요?

A:

0402 ☐☐☐

crucial
[ˈkruːʃl]

a 결정적인, 중대한

= vital, critical, essential, pivotal, important
+ **cruciality** **n** 결정적임 **crucially** **adv** 결정적으로

Q: Is this meeting really crucial? 이 회의가 정말 중요한가요?

A:

0403 ☐☐☐

cruel
[ˈkruːəl]

a 잔인한

= brutal, harsh, severe, merciless, inhumane
+ **cruelty** **n** 잔인함 **cruelly** **adv** 잔인하게

Q: Don't you think it was cruel to keep the animals in such small cages? 동물들을 그렇게 작은 우리에 가두는 것이 잔인하다고 생각하지 않으세요?

A:

0404 ☐☐☐

crush
[krʌʃ]

v 으깨다, 부수다 **n** 으깸, 반함

= squash, press, pulverize, overwhelm, defeat
+ **a schoolgirl crush** 여학생의 열병 같은 사랑

Q: Do you have a crush on someone? 누군가를 짝사랑하고 있나요?

A:

0405 ☐☐☐

cultivate
[ˈkʌltɪveɪt]

v 경작하다, 기르다

= foster, grow, nurture, develop, farm
+ **cultivation** **n** 경작, 양성 **cultivated** **a** 교양 있는, 경작된

Q: How do you cultivate good habits? 좋은 습관을 어떻게 기르나요?

A:

0406 ☐☐☐

cultural
['kʌltʃərəl]

a 문화적인

= artistic, traditional, societal, ethnic
+ culture **n** 문화　culturally **adv** 문화적으로

Q: Are you interested in cultural events? 문화 행사에 관심이 있나요?

A: _______________________

0407 ☐☐☐

cure
[kjʊr]

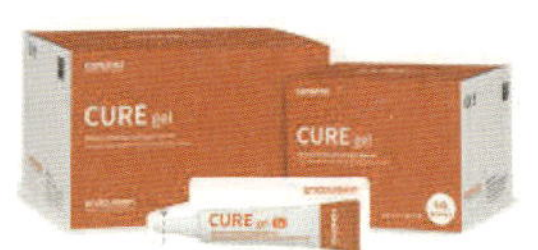

n 치료(법)　**v** 치료하다

= heal, remedy, treatment, overcome, solve
+ curable **a** 치료 가능한

Q: Is there a cure for this illness? 이 병에 대한 치료법이 있나요?

A: _______________________

0408 ☐☐☐

curiosity
[ˌkjʊriˈɑːsəti]

n 호기심

= inquisitiveness, interest, wonder, prying
+ curious **a** 궁금한　curiously **adv** 신기하게도, 호기심 있게

Q: Does your curiosity often lead you to learn new things?
당신의 호기심이 종종 새로운 것을 배우도록 이끄나요?

A: _______________________

0409 ☐☐☐

curious
['kjʊriəs]

a 호기심 많은

= inquisitive, eager to know, nosy, strange
+ curiosity **n** 호기심　curiously **adv** 신기하게도, 호기심 있게
be curious about ~에 대해 궁금해 하다, ~에 대해 호기심을 갖다

Q: Are you curious about the results? 결과가 궁금한가요?

A: _______________________

0410 ☐☐☐

current
['kɜːrənt]

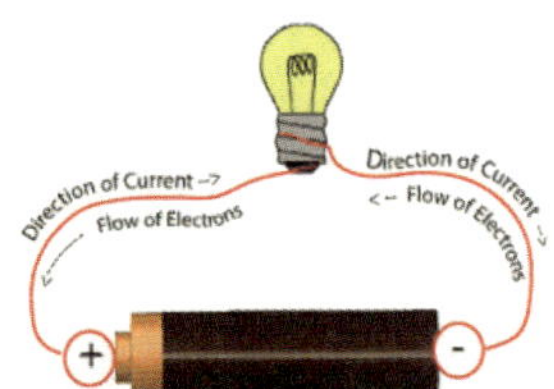

a 현재의　**n** 흐름, 전류

= present, ongoing, prevailing, flow, stream
+ currently **adv** 현재

Q: What's the current situation? 현재 상황은 어떤가요?

A: _______________________

0411 ☐☐☐

curve
[kɜːrv]

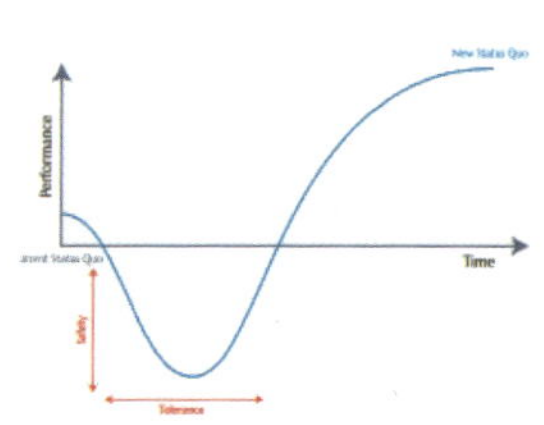

n 곡선 **v** 구부러지다

= **bend, arc, twist, turn, deviation**
+ **curved** **a** 곡선인

Q: Do you see the sharp curve ahead? 앞에 급커브가 있는 것을 보이지요?

A: ....

0412 ☐☐☐

custom
[ˈkʌstəm]

n 관습, 풍습

= **tradition, habit, practice, convention, ritual**
+ **customs** **n** 세관, 관세 **customary** **a** 관습적인 **customarily** **adv** 관례적으로

Q: What's a common custom here? 여기 흔한 풍습은 무엇인가요?

A: ....

0413 ☐☐☐

customer
[ˈkʌstəmər]

n 손님, 고객

= **client, patron, shopper, buyer**
+ **custom** **n** 관습, 풍습

Q: Is the customer always right? 고객은 항상 옳나요?

A: ....

0414 ☐☐☐

cyber
[ˈsaɪbər]

a 사이버의, 컴퓨터 통신의

= **digital, virtual, online, computer-related**
+ **cyberbullying** **n** 사이버 폭력 **cyber crime** 사이버 범죄

Q: Have you heard about cyber attacks? 사이버 공격에 대해 들어본 적 있나요?

A: ....

0415 ☐☐☐

cycle
[ˈsaɪkl]

n 주기, 순환, 자전거 **v** 순환하다, 자전거를 타다

= **loop, sequence, period, rotate, bicycle**
+ **cyclic[cyclical]** **a** 주기적인

Q: How long is the life cycle of this? 이것의 수명 주기는 얼마나 되나요?

A: ....

0416 ☐☐☐

damage
['dæmɪdʒ]

n 손상, 피해 **v** 손상시키다

= **harm, injure, impair, destroy, ruin**
+ **damaged** a 손상된

Q: Did the storm cause much damage? 폭풍이 많은 피해를 입혔나요?

A:

0417 ☐☐☐

damp
[dæmp]

a 축축한

= **moist, humid, slightly wet, clammy**
+ **dampness** n 축축함 **dampen** v 축축하게 하다, 약화시키다

Q: Is the ground still damp? 땅이 아직 축축한가요?

A:

0418 ☐☐☐

dare
[der]

v 감히 ~하다, 도전적으로 ~하다, 도전하다

= **challenge, venture, brave, defy, risk**
+ **daring** a 대담한

Q: Do you dare to try it? 감히 시도해 볼 건가요?

A:

0419 ☐☐☐

data
['deɪtə] ['dɑːtə]

n 자료, 데이터

= **information, facts, figures, statistics**
+ **data mining** 컴퓨터 데이터 마이닝(컴퓨터를 통해 대규모 자료를 토대로 새로운 정보를 찾아내는 것)

Q: Can you analyze this data? 이 데이터를 분석할 수 있나요?

A:

0420 ☐☐☐

daytime
['deɪtaɪm]

n 낮 시간

= **daylight hours, day, hours of light**
+ **daytime temperatures** 낮 기온

Q: Is it better to work during daytime? 낮에 일하는 것이 더 나은가요?

A:

DAY 21 | DICTATION TEST

5회 반복 예문 QR

DICTATION **TEST** 예문 **QR**을 듣고 다음 빈칸에 올바른 단어를 쓰세요.

401. Is this place always this _______________?

402. Is this meeting really _______________?

403. Don't you think it was _______________ to keep the animals in such small cages?

404. Do you have a _______________ on someone?

405. How do you _______________ good habits?

406. Are you interested in _______________ events?

407. Is there a _______________ for this illness?

408. Does your _______________ often lead you to learn new things?

409. Are you _______________ about the results?

410. What's the _______________ situation?

411. Do you see the sharp _______________ ahead?

412. What's a common _______________ here?

413. Is the _______________ always right?

414. Have you heard about _______________ attacks?

415. How long is the life _______________ of this?

416. Did the storm cause much _______________?

417. Is the ground still _______________?

418. Do you _______________ to try it?

419. Can you analyze this _______________?

420. Is it better to work during _______________?

5회 반복 표제어 QR 5회 반복 예문 QR

DAY **22**
30 days

PREVIEW **A** 다음 단어의 뜻을 한국어로 써보세요.

☐ **deadly** _______________
☐ **deal** _______________
☐ **dealer** _______________
☐ **debate** _______________
☐ **debt** _______________
☐ **decade** _______________
☐ **decay** _______________
☐ **deceive** _______________
☐ **decision** _______________
☐ **declare** _______________

☐ **decline** _______________
☐ **decorate** _______________
☐ **decoration** _______________
☐ **decrease** _______________
☐ **dedicate** _______________
☐ **dedication** _______________
☐ **defeat** _______________
☐ **defend** _______________
☐ **defense** _______________
☐ **define** _______________

PREVIEW **B** 사진을 보고 알맞은 영어 단어를 **PREVIEW** **A** 에서 찾아 써보세요.

_______________ _______________ _______________ _______________

0421 ☐☐☐

deadly
[ˈdedli]

a 치명적인

= fatal, lethal, mortal, dangerous, destructive
+ death **n** 죽음 dead **a** 죽은

Q: Is that snake really deadly? 저 뱀이 정말 치명적인가요?

A:

0422 ☐☐☐

deal
[diːl]

n 거래, 양 **v** 다루다, 거래하다

= agreement, transaction, bargain, cope with, distribute
+ dealer **n** 판매업자

Q: Can we make a deal? 우리 거래할 수 있을까요?

A:

0423 ☐☐☐

dealer
[ˈdiːlər]

n 판매업자, 딜러

= merchant, vendor, trader, retailer
+ deal **n** 거래

Q: Do you know any car dealers? 자동차 딜러 아는 사람 있나요?

A:

0424 ☐☐☐

debate
[dɪˈbeɪt]

n 토론 **v** 토론하다

= discussion, argument, dispute, deliberate, argue
+ debatable **a** 논쟁의 여지가 있는

Q: Did they have a good debate? 그들은 좋은 토론을 했나요?

A:

0425 ☐☐☐

debt
[det]

n 빚, 부채

= liability, obligation, arrears, financial burden
+ national debt 국가 부채, 나랏빚

Q: Are you still in debt? 아직 빚이 있나요?

A:

0426 ☐☐☐

decade
[ˈdek.eɪd]

n 10년

= **ten years, decennium**
+ **several decades** 수십 년

Q: How much has changed in the last decade?
지난 10년 동안 얼마나 많이 변했나요?

A:

0427 ☐☐☐

decay
[dɪˈkeɪ]

n 부패, 쇠퇴 **v** 부패하다, 쇠퇴하다, 썩다

= **decompose, rot, decline, disintegration, deterioration**
+ **the decay of the old industries** 구 산업들의 쇠퇴

Q: Did the fruit start to decay? 과일이 썩기 시작했나요?

A:

0428 ☐☐☐

deceive
[dɪˈsiːv]

v 속이다

= **mislead, trick, cheat, betray, fool**
+ **deception** **n** 속임 **deceit** **n** 사기 **deceptive** **a** 기만적인

Q: Why would she deceive their friends? 그녀가 왜 친구들을 속이려 할까요?

A:

0429 ☐☐☐

decision
[dɪˈsɪʒn]

n 결정

= **judgment, choice, conclusion, resolution, verdict**
+ **decide** **v** 결정하다 **decisive** **a** 결정적인

Q: Have you made a decision? 결정을 내렸나요?

A:

0430 ☐☐☐

declare
[dɪˈkler]

v 선언하다, 분명히 말하다

= **announce, state, proclaim, assert, affirm**
+ **declaration** **n** 선언, 발표

Q: Did they declare a state of emergency? 그들이 비상사태를 선포했나요?

A:

0431 ☐☐☐

decline
[dɪˈklaɪn]

n 감소, 하락 **v** 감소하다, 거절하다

= decrease, diminish, fall, reject, refuse
+ a decline in water quality 수질 저하

Q: Why did you decline the invitation? 왜 초대를 거절했나요?

A:

0432 ☐☐☐

decorate
[ˈdekəreɪt]

v 장식하다

= adorn, embellish, furnish, trim
+ decoration **n** 장식 decorator **n** 실내장식업자 decorative **a** 장식적인

Q: Are you going to decorate the room? 방을 꾸밀 건가요?

A:

0433 ☐☐☐

decoration
[ˌdekəˈreɪʃn]

n 장식

= ornament, adornment, embellishment, trim
+ decorate **v** 장식하다

Q: What kind of decoration do you want? 어떤 종류의 장식을 원하나요?

A:

0434 ☐☐☐

decrease
[dɪˈkriːs] **v** [ˈdiːkriːs] **n**

v 감소하다 **n** 감소

= reduce, lessen, diminish, decline, cut
+ a rapid decrease in population 인구의 급감

Q: Has the weight decreased lately? 최근에 체중이 줄었나요?

A:

0435 ☐☐☐

dedicate
[ˈdedɪkeɪt]

v 헌신하다, 바치다

= commit, devote, consecrate, assign
+ dedication **n** 헌신, 전념 dedicated **a** 헌신적인

Q: Will you dedicate this song to someone? 이 노래를 누군가에게 바칠 건가요?

A:

0436 ☐☐☐

dedication
[ˌdedɪˈkeɪʃn]

n 헌신

= **commitment, devotion, allegiance, selflessness**
+ **dedicate** **v** 헌신하다

Q: Do you admire his dedication? 그의 헌신을 존경하나요?

A:

0437 ☐☐☐

defeat
[dɪˈfiːt]

n 패배 **v** 패배시키다

= **overcome, conquer, beat, vanquish, setback**
+ **defeat an enemy** 적을 무찌르다

Q: Did they suffer a defeat? 그들이 패배를 겪었나요?

A:

0438 ☐☐☐

defend
[dɪˈfend]

v 방어하다, 옹호하다

= **protect, guard, shield, justify, support**
+ **defense[defence]** **n** 방어 **defender** **n** 방어자 **defensive** **a** 방어적인

Q: How do you defend your idea? 당신의 아이디어를 어떻게 방어하나요?

A:

0439 ☐☐☐

defense
[dɪˈfens]

n 방어, 수비

= **protection, security, safeguard, justification, alibi**
+ **defend** **v** 방어하다 **defensive** **a** 방어적인

Q: Is their defense strong? 그들의 방어는 강력한가요?

A:

0440 ☐☐☐

define
[dɪˈfaɪn]

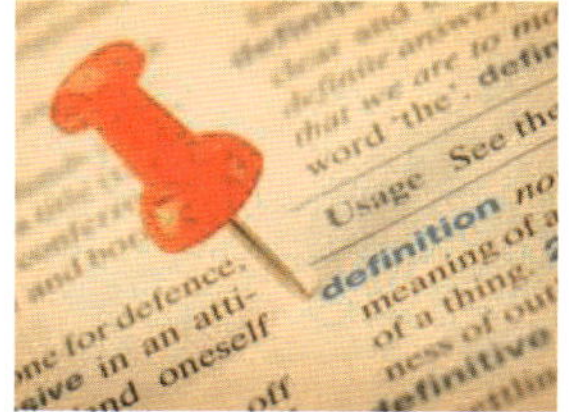

v 정의하다

= **describe, explain, characterize, specify, clarify**
+ **definition** **n** 정의 **definite** **a** 명확한 **definitive** **a** 최종적인

Q: Can you define the term simply? 그 용어를 간단하게 정의해 줄 수 있나요?

A:

DAY 22 | DICTATION TEST

DICTATION **TEST** 예문 **QR**을 듣고 다음 빈칸에 올바른 단어를 쓰세요.

421. Is that snake really _______________?

422. Can we make a _______________?

423. Do you know any car _______________?

424. Did they have a good _______________?

425. Are you still in _______________?

426. How much has changed in the last _______________?

427. Did the fruit start to _______________?

428. Why would she _______________ their friends?

429. Have you made a _______________?

430. Did they _______________ a state of emergency?

431. Why did you _______________ the invitation?

432. Are you going to _______________ the room?

433. What kind of _______________ do you want?

434. Has the weight _______________ lately?

435. Will you _______________ this song to someone?

436. Do you admire his _______________?

437. Did they suffer a _______________?

438. How do you _______________ your idea?

439. Is their _______________ strong?

440. Can you _______________ the term simply?

5회 반복 표제어 **QR** 5회 반복 예문 **QR**

DAY
23
30 days

PREVIEW A

다음 단어의 뜻을 한국어로 써보세요.

☐ **definite**

☐ **degree**

☐ **delay**

☐ **delicate**

☐ **delight**

☐ **deliver**

☐ **delivery**

☐ **demand**

☐ **democracy**

☐ **demonstrate**

☐ **dense**

☐ **deny**

☐ **department**

☐ **depend**

☐ **depress**

☐ **depressed**

☐ **depth**

☐ **derive**

☐ **descend**

☐ **describe**

PREVIEW B

사진을 보고 알맞은 영어 단어를 PREVIEW A 에서 찾아 써보세요.

_______________ _______________

0441 ☐☐☐

definite
['defɪnət]

a 명확한, 확실한

= **clear, specific, precise, certain, unequivocal**
+ **definition** **n** 정의 **definitely** **adv** 명확히, 분명히 **indefinite** **a** 불확실한

Q: Is there a definite answer? 확실한 답이 있나요?

A: ....

0442 ☐☐☐

degree
[dɪ'griː]

n 정도, 학위, (온도) 도

= **extent, level, amount, academic qualification, grade**
+ **master's degree** 석사 학위

Q: What degree do you have? 학위가 무엇인가요?

A: ....

0443 ☐☐☐

delay
[dɪ'leɪ]

n 지연 **v** 지연시키다

= **postpone, defer, hinder, hold up, procrastination**
+ **an unjustifiable delay** 정당화할 수 없는 지연[연착]

Q: Why is the flight delayed? 비행기가 왜 지연되나요?

A: ....

0444 ☐☐☐

delicate
['delɪkət]

a 섬세한, 연약한

= **fragile, subtle, fine, tender, sensitive**
+ **delicacy** **n** 섬세함, 별미 **delicately** **adv** 섬세하게

Q: Is this vase really delicate? 이 꽃병이 정말 깨지기 쉬운가요?

A: ....

0445 ☐☐☐

delight
[dɪ'laɪt]

n 기쁨 **v** 기쁘게 하다

= **pleasure, joy, happiness, charm, please**
+ **delightful** **a** 즐거운 **delighted** **a** 기뻐하는 **delightfully** **adv** 즐겁게

Q: Did the surprise delight you? 그 놀라움이 당신을 기쁘게 했나요?

A: ....

0446 ☐☐☐

deliver
[dɪˈlɪvər]

v 배달하다, 연설하다

= hand over, convey, present, transport, fulfill
+ **delivery** **n** 배달, 인도

Q: **When will they deliver the package?** 그들은 언제 소포를 배달할 건가요?

A:

0447 ☐☐☐

delivery
[dɪˈlɪvəri]

n 배달, 분만

= shipment, distribution, presentation, birth
+ **deliver** **v** 배달하다, 전달하다

Q: **Is the delivery on time?** 배달이 제시간에 이루어지나요?

A:

0448 ☐☐☐

demand
[dɪˈmænd]

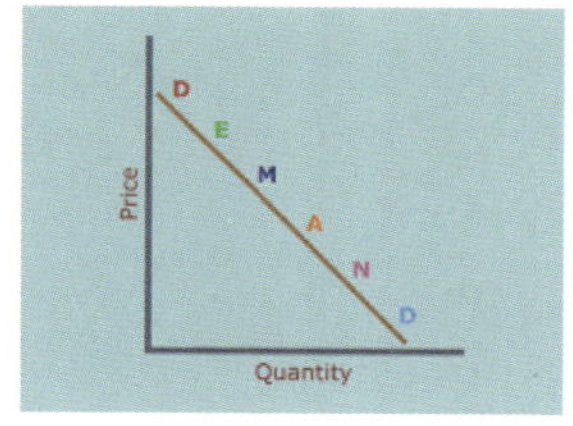

n 요구, 수요 **v** 요구하다

= request, requirement, insistence, need, ask for
+ **demanding** **a** 까다로운, 힘든

Q: **Is there high demand for this product?** 이 제품에 대한 수요가 높은가요?

A:

0449 ☐☐☐

democracy
[dɪˈmɑːkrəsi]

n 민주주의

= republic, self-government, popular rule
+ **democrat** **n** 민주주의자 **democratic** **a** 민주적인 **democratically** **adv** 민주적으로

Q: **Do you believe in democracy?** 민주주의를 믿나요?

A:

0450 ☐☐☐

demonstrate
[ˈdemənstreɪt]

v 입증하다, 시위하다

= show, prove, illustrate, display, protest
+ **demonstration** **n** 시연, 시위 **demonstrator** **n** 시위자
demonstrative **a** 과시적인, 지시하는

Q: **Can you demonstrate how it works?**
그것이 어떻게 작동하는지 시연해 줄 수 있나요?

A:

0451 ☐☐☐

dense
[dens]

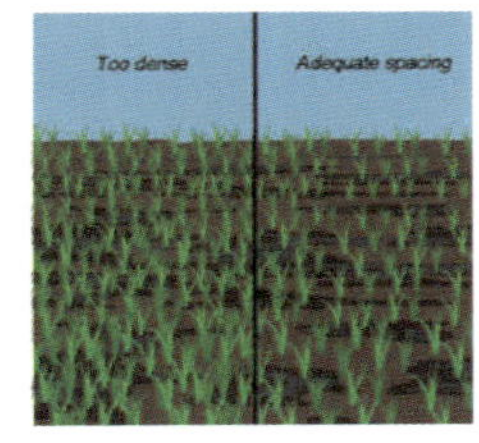

ⓐ 밀집한, 빽빽한, 꽉 막힌, 멍청한, 이해력이 느린

= thick, compact, crowded, stupid, opaque
+ **density** ⓝ 밀도 **densely** adv 빽빽하게

Q: **Is the forest really dense here?** 여기는 숲이 정말 울창한가요?

A:

0452 ☐☐☐

deny
[dɪˈnaɪ]

ⓥ 부인하다, 거부하다

= refuse, reject, contradict, disavow, withhold
+ **denial** ⓝ 부정, 거부

Q: **Did he deny the accusation?** 그가 그 비난을 부인했나요?

A:

---

0 ☐☐☐

department
[dɪˈpɑːrtmənt]

ⓝ 부서, 학과

= division, section, branch, faculty, office
+ **departmental** ⓐ 부서의

Q: **Which department do you work in?** 어떤 부서에서 일하나요?

A:

0454 ☐☐☐

depend
[dɪˈpend]

ⓥ 의존하다, ~에 달려있다

= rely, count on, hinge on, be determined by
+ **dependence[dependency]** ⓝ 의존 **dependent** ⓐ 의존적인 **independent** ⓐ 독립적인 **dependably** adv 믿음직스럽게 **depend on** ~에 의존하다, ~에 달려 있다

Q: **Does it depend on the weather?** 날씨에 따라 달라지나요?

A:

0455 ☐☐☐

depress
[dɪˈpres]

ⓥ 우울하게 하다, 침체시키다

= sadden, discourage, lower, reduce, oppress
+ **depression** ⓝ 우울, 불황 **depressed** ⓐ 우울한 **depressing** ⓐ 우울하게 만드는

Q: **Does that news depress you?** 그 소식이 당신을 우울하게 하나요?

A:

0456 ☐☐☐

depressed
[dɪˈprest]

a 우울한, 침체된

= sad, gloomy, dejected, despondent, low
+ **depression** **n** 우울 **depress** **v** 우울하게 하다

Q: Are you feeling depressed lately? 요즘 우울한가요?

A:

0457 ☐☐☐

depth
[depθ]

n 깊이

= profundity, intensity, deepness, extent
+ **deep** **a** 깊은 **deepen** **v** 깊어지다

Q: What's the depth of the pool? 수영장의 깊이가 얼마인가요?

A:

0458 ☐☐☐

derive
[dɪˈraɪv]

v 얻다, 유래하다

= obtain, get, originate from, infer
+ **derivation** **n** 파생, 유래

Q: Can you derive this formula? 이 공식을 유도할 수 있나요?

A:

0459 ☐☐☐

descend
[dɪˈsend]

v 내려가다

= go down, lower, fall, drop, gravitate
+ **descent** **n** 하강, 하락 **descendant** **n** 후손

Q: When do we descend from the mountain? 언제 산에서 내려가나요?

A:

0460 ☐☐☐

describe
[dɪˈskraɪb]

v 묘사하다, 설명하다

= portray, depict, narrate, explain, characterize
+ **description** **n** 묘사, 설명 **descriptive** **a** 묘사적인

Q: Can you describe the scene? 그 장면을 묘사해 줄 수 있나요?

A:

DAY 23 | DICTATION TEST

5회 반복 예문 QR

DICTATION TEST 예문 **QR**을 듣고 다음 빈칸에 올바른 단어를 쓰세요.

441. Is there a _______________ answer?

442. What _______________ do you have?

443. Why is the flight _______________?

444. Is this vase really _______________?

445. Did the surprise _______________ you?

446. When will they _______________ the package?

447. Is the _______________ on time?

448. Is there high _______________ for this product?

449. Do you believe in _______________?

450. Can you _______________ how it works?

451. Is the forest really _______________ here?

452. Did he _______________ the accusation?

453. Which _______________ do you work in?

454. Does it _______________ on the weather?

455. Does that news _______________ you?

456. Are you feeling _______________ lately?

457. What's the _______________ of the pool?

458. Can you _______________ this formula?

459. When do we _______________ from the mountain?

460. Can you _______________ the scene?

5회 반복 표제어 **QR**   5회 반복 예문 **QR**

DAY 24

30 days

PREVIEW A 다음 단어의 뜻을 한국어로 써보세요.

☐ **description** _______________

☐ **desert** _______________

☐ **deserve** _______________

☐ **desire** _______________

☐ **despair** _______________

☐ **desperate** _______________

☐ **despite** _______________

☐ **destination** _______________

☐ **destiny** _______________

☐ **destroy** _______________

☐ **destruction** _______________

☐ **detail** _______________

☐ **detect** _______________

☐ **detective** _______________

☐ **determine** _______________

☐ **develop** _______________

☐ **device** _______________

☐ **devise** _______________

☐ **devote** _______________

☐ **dew** _______________

PREVIEW B 사진을 보고 알맞은 영어 단어를 **PREVIEW A** 에서 찾아 써보세요.

_______________   _______________   _______________

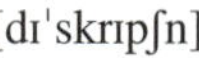

0461 ☐☐☐

description
[dɪˈskrɪpʃn]

n 묘사, 설명

= account, depiction, narrative, portrayal
+ **describe** **v** 묘사하다

Q: Can you give me a description? 설명 좀 해줄 수 있나요?

A:

0462 ☐☐☐

desert
[ˈdezərt] **n** [dɪˈzɜːrt] **v**

n 사막 **v** 버리다

= abandon, forsake, barren land, wilderness
+ **deserted** **a** 버려진 **dessert** **n** 디저트, 후식

Q: Have you ever crossed a desert? 사막을 건너본 적 있나요?

A:

0463 ☐☐☐

deserve
[dɪˈzɜːrv]

v ~할 만하다, ~을 받을 자격이 있다

= merit, earn, be worthy of, be entitled to
+ **deserving** **a** 받을 자격이 있는

Q: Do you think you deserve this? 이것을 받을 자격이 있다고 생각하나요?

A:

0464 ☐☐☐

desire
[dɪˈzaɪər]

n 욕구, 열망 **v** 바라다

= wish, craving, longing, aspiration, want
+ **desirable** **a** 바람직한

Q: What do you desire most? 무엇을 가장 갈망하나요?

A:

0465 ☐☐☐

despair
[dɪˈsper]

n 절망 **v** 절망하다

= hopelessness, desperation, gloom, despondency
+ **despairing** **a** 절망적인

Q: Have you felt despair before? 절망을 느껴본 적 있나요?

A:

0466 ▢▢▢

desperate
['despərət]

a 절망적인, 필사적인

= hopeless, frantic, urgent, dire, extreme
+ desperation **n** 절망 desperately **adv** 필사적으로

Q: **Are you desperate for help?** 도움이 절실한가요?

A:

0467 ▢▢▢

despite
[dɪ'spaɪt]

prep ~에도 불구하고

= in spite of, regardless of, notwithstanding
+ despite the opposition 반대에도 불구하고

Q: **Did you go despite the rain?** 비에도 불구하고 갔나요?

A:

0468 ▢▢▢

destination
[ˌdestɪ'neɪʃn]

n 목적지

= goal, objective, target, stopping place, end
+ destine **v** ~할 운명이다 destiny **n** 운명

Q: **Is this your final destination?** 여기가 최종 목적지인가요?

A:

0469 ▢▢▢

destiny
['destəni]

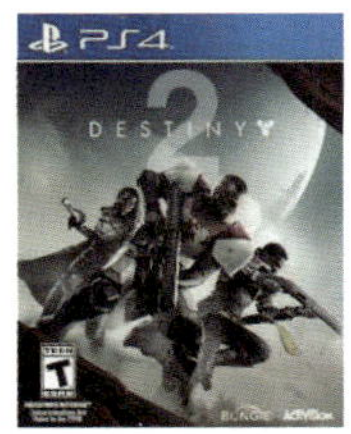

n 운명

= fate, fortune, predetermination, lot
+ destine **v** ~할 운명이다

Q: **Do you believe in destiny?** 운명을 믿나요?

A:

0470 ▢▢▢

destroy
[dɪ'strɔɪ]

v 파괴하다

= ruin, demolish, devastate, annihilate, wreck
+ destruction **n** 파괴 destroyer **n** 파괴자 destructive **a** 파괴적인

Q: **Can we destroy this old file?** 이 오래된 파일을 파기할 수 있나요?

A:

0471 ☐☐☐

destruction
[dɪˈstrʌkʃn]

n 파괴

= ruin, devastation, demolition, annihilation
+ **destroy** **v** 파괴하다

Q: Was the destruction caused by fire? 파괴는 화재로 인한 것이었나요?

A: ⋯⋯⋯⋯⋯⋯⋯⋯⋯⋯⋯⋯⋯⋯⋯⋯⋯⋯⋯⋯⋯⋯⋯⋯⋯⋯⋯⋯⋯

0472 ☐☐☐

detail
[ˈdiːteɪl] **n** [dɪˈteɪl] **v**

n 세부 사항 **v** 자세히 설명하다

= particular, item, specifics, elaborate, specify
+ **detailed** **a** 상세한 **detailedly** **adv** 상세하게

Q: Can you give me more detail? 더 자세히 알려줄 수 있나요?

A: ⋯⋯⋯⋯⋯⋯⋯⋯⋯⋯⋯⋯⋯⋯⋯⋯⋯⋯⋯⋯⋯⋯⋯⋯⋯⋯⋯⋯⋯

0473 ☐☐☐

detect
[dɪˈtekt]

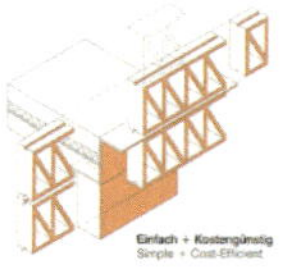

v 탐지하다, 발견하다

= discover, spot, identify, discern, perceive
+ **detection** **n** 탐지 **detector** **n** 탐지기 **detective** **n** 탐정

Q: Can you detect any problems? 어떤 문제라도 감지할 수 있나요?

A: ⋯⋯⋯⋯⋯⋯⋯⋯⋯⋯⋯⋯⋯⋯⋯⋯⋯⋯⋯⋯⋯⋯⋯⋯⋯⋯⋯⋯⋯

0474 ☐☐☐

detective
[dɪˈtektɪv]

n 탐정, 형사

= investigator, sleuth, private eye, gumshoe
+ **detect** **v** 탐지하다 **detection** **n** 탐지

Q: Is the detective on the case? 그 형사가 그 사건을 맡고 있나요?

A: ⋯⋯⋯⋯⋯⋯⋯⋯⋯⋯⋯⋯⋯⋯⋯⋯⋯⋯⋯⋯⋯⋯⋯⋯⋯⋯⋯⋯⋯

0475 ☐☐☐

determine
[dɪˈtɜːrmɪn]

v 결정하다, 밝히다

= decide, establish, ascertain, find out, resolve
+ **determination** **n** 결심, 결정 **determinant** **n** 결정 요인 **determined** **a** 굳게 결심한

Q: Have you determined the cause? 원인을 밝혀냈나요?

A: ⋯⋯⋯⋯⋯⋯⋯⋯⋯⋯⋯⋯⋯⋯⋯⋯⋯⋯⋯⋯⋯⋯⋯⋯⋯⋯⋯⋯⋯

0476 ☐☐☐

develop
[dɪˈveləp]

v 개발하다, 발전하다

= grow, expand, evolve, create, progress
+ **development** **n** 발전, 개발 **developing** **a** 개발 도상의 **developed** **a** 선진의

Q: **Did they develop a new app?** 그들이 새로운 앱을 개발했나요?

A:

0477 ☐☐☐

device
[dɪˈvaɪs]

n 장치, 기구

= gadget, tool, apparatus, implement, contrivance
+ **mobile device** 모바일 장치(스마트폰 등 호주머니에 휴대할 수 있는 소형 컴퓨터 장치)

Q: **Is this device easy to use?** 이 기기는 사용하기 쉽나요?

A:

0478 ☐☐☐

devise
[dɪˈvaɪz]

v 고안하다, 궁리하다

= invent, contrive, formulate, plan, conceive
+ **device** **n** 장치

Q: **Can you devise a better plan?** 더 나은 계획을 고안할 수 있나요?

A:

0479 ☐☐☐

devote
[dɪˈvoʊt]

v 헌신하다, 바치다

= dedicate, commit, allocate, consecrate
+ **devotion** **n** 헌신 **devoted** **a** 헌신적인

Q: **Will you devote time to study?** 공부에 시간을 바칠 건가요?

A:

0480 ☐☐☐

dew
[duː]

n 이슬

= moisture, condensation, droplets
+ **dew point** 이슬점(대기 중의 수증기가 엉겨 물방울이 되는 온도)

Q: **Did you see the dew on the grass?** 풀잎에 이슬이 맺힌 것을 봤나요?

A:

DAY 24 | DICTATION TEST

DICTATION **TEST** 예문 **QR**을 듣고 다음 빈칸에 올바른 단어를 쓰세요.

461. Can you give me a ________________?

462. Have you ever crossed a ________________?

463. Do you think you ________________ this?

464. What do you ________________ most?

465. Have you felt ________________ before?

466. Are you ________________ for help?

467. Did you go ________________ the rain?

468. Is this your final ________________?

469. Do you believe in ________________?

470. Can we ________________ this old file?

471. Was the ________________ caused by fire?

472. Can you give me more ________________?

473. Can you ________________ any problems?

474. Is the ________________ on the case?

475. Have you ________________ the cause?

476. Did they ________________ a new app?

477. Is this ________________ easy to use?

478. Can you ________________ a better plan?

479. Will you ________________ time to study?

480. Did you see the ________________ on the grass?

5회 반복 표제어 QR   5회 반복 예문 QR

DAY 25
30 days

PREVIEW A 다음 단어의 뜻을 한국어로 써보세요.

☐ diagnose	☐ diminish
☐ diet	☐ direction
☐ dietary	☐ disabled
☐ differ	☐ disadvantage
☐ difference	☐ disagree
☐ difficulty	☐ disappear
☐ dig	☐ disappoint
☐ digest	☐ disappointed
☐ digestion	☐ disaster
☐ diligent	☐ discipline

PREVIEW B 사진을 보고 알맞은 영어 단어를 **PREVIEW** A 에서 찾아 써보세요.

0481 □□□

diagnose
[ˌdaɪəgˈnoʊs]

v 진단하다

= identify, detect, recognize, pinpoint
+ diagnosis **n** 진단

Q: Did the doctor diagnose your illness? 의사가 당신의 병을 진단했나요?

A:

0482 □□□

diet
[ˈdaɪət]

n 식단, 다이어트 **v** 다이어트하다

= nutrition, regimen, eating plan, lose weight
+ dietary **a** 식단의 **dietician[dietitian]** **n** 영양사

Q: Are you on a special diet? 특별한 식단을 하고 있나요?

A:

0483 □□□

dietary
[ˈdaɪəteri]

a 식사의, 식이요법의

= nutritional, edible, food-related
+ diet **n** 식단

Q: Do you have any dietary restrictions? 식단 제한 사항이 있나요?

A:

0484 □□□

differ
[ˈdɪfər]

v 다르다

= vary, contrast, disagree, diverge
+ difference **n** 차이 **diversity** **n** 다양성 **different** **a** 다른 **differently** **adv** 다르게

Q: How do these two opinions differ? 이 두 의견은 어떻게 다른가요?

A:

0485 □□□

difference
[ˈdɪfrəns]

n 차이

= distinction, variation, disparity, contrast
+ differ **v** 다르다 **different** **a** 다른

Q: What's the difference between these? 이것들 사이의 차이점은 무엇인가요?

A:

0486 ☐☐☐

difficulty
[ˈdɪfɪkəlti]

n 어려움

= hardship, problem, challenge, obstacle
+ **difficult** **a** 어려운

Q: Did you have difficulty with the test? 시험에 어려움이 있었나요?

A: ____________________

0487 ☐☐☐

dig
[dɪg]

v 파다, 캐다

= excavate, unearth, burrow, delve, penetrate
+ **digging** **n** 파기, 발굴

Q: Can you dig a hole here? 여기 구멍을 팔 수 있나요?

A: ____________________

0488 ☐☐☐

digest
[daɪˈdʒest], [dɪˈdʒest]

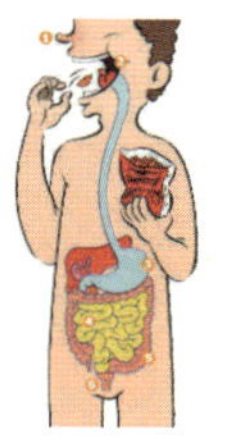

v 소화하다, 이해하다 **n** 요약

= process, absorb, understand, comprehend, summarize
+ **digestion** **n** 소화 **digestive** **n** 소화제 **digestible** **a** 소화 가능한

Q: Do you find it hard to digest spicy food?
매운 음식을 소화하기 어렵다고 생각하나요?

A: ____________________

0489 ☐☐☐

digestion
[daɪˈdʒestʃən]

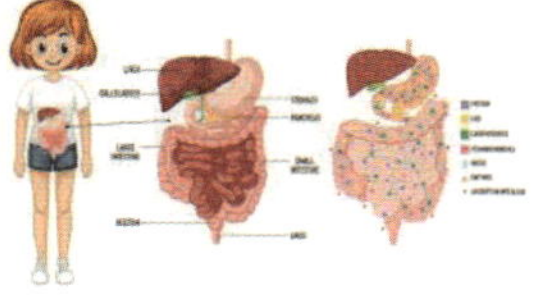

n 소화

= absorption, assimilation, breakdown
+ **digest** **v** 소화하다

Q: Does exercise help your digestion? 운동이 소화에 도움이 되나요?

A: ____________________

0490 ☐☐☐

diligent
[ˈdɪlɪdʒənt]

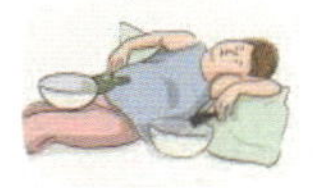

a 부지런한

= hardworking, industrious, assiduous, painstaking
+ **diligence** **n** 근면, 성실 **diligently** **adv** 열심히

Q: Are you diligent in your studies? 학업에 부지런한가요?

A: ____________________

0491 ☐☐☐

diminish
[dɪˈmɪnɪʃ]

v 줄어들다, 감소시키다

= lessen, reduce, decrease, decline, dwindle
+ **diminution** n 축소, 감소

Q: **Did the pain diminish after medication?** 약 복용 후 통증이 줄어들었나요?

A: ....

0492 ☐☐☐

direction
[dɪˈrekʃn], [daɪˈrekʃn]

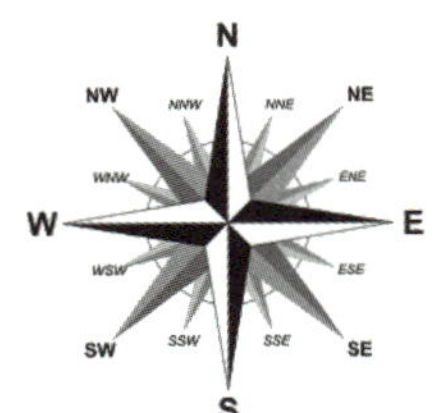

n 방향, 지시

= way, course, instruction, guidance, orientation
+ **direct** a 직접적인 **directional** a 방향의 **directly** adv 직접

Q: **Can you give me directions?** 길 안내 좀 해줄 수 있나요?

A: ....

0493 ☐☐☐

disabled
[dɪsˈeɪbld]

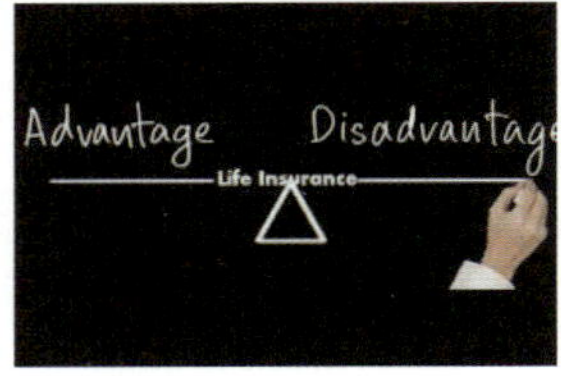

a 장애를 가진

= handicapped, impaired, incapacitated, unable
+ **disability** n 장애 **disable** v 무능력하게 하다

Q: **Is the building accessible for disabled people?**
건물이 장애인도 이용 가능한가요?

A: ....

0494 ☐☐☐

disadvantage
[ˌdɪsədˈvæntɪdʒ]

n 불리한 점

= drawback, handicap, obstacle, detriment
+ **disadvantageous** a 불리한

Q: **What's the disadvantage of this method?** 이 방법의 단점은 무엇인가요?

A: ....

0495 ☐☐☐

disagree
[ˌdɪsəˈgriː]

v 동의하지 않다

= differ, dissent, quarrel, dispute
+ **disagreement** n 불일치, 의견 차이

Q: **Do you disagree with the proposal?** 그 제안에 동의하지 않나요?

A: ....

0496 ☐☐☐

disappear
[ˌdɪsəˈpɪr]

v 사라지다

= **vanish, fade, cease to exist, evaporate**
+ **disappearance** **n** 소멸, 실종

Q: Did the magician make the rabbit disappear?
마술사가 토끼를 사라지게 했나요?

A:

0497 ☐☐☐

disappoint
[ˌdɪsəˈpɔɪnt]

v 실망시키다

= **dishearten, let down, dissatisfy, dismay**
+ **disappointment** **n** 실망 **disappointed** **a** 실망한 **disappointing** **a** 실망스러운

Q: Did the movie disappoint you? 영화가 당신을 실망시켰나요?

A:

0498 ☐☐☐

disappointed
[ˌdɪsəˈpɔɪntɪd]

a 실망한

= **let down, disheartened, dissatisfied, sad**
+ **disappointment** **n** 실망 **disappoint** **v** 실망시키다

Q: Are you disappointed with the results? 결과에 실망했나요?

A:

0499 ☐☐☐

disaster
[dɪˈzæstər]

n 재난, 재앙

= **catastrophe, calamity, tragedy, misfortune**
+ **disastrous** **a** 재앙적인 **disastrously** **adv** 처참하게

Q: Have you ever experienced a disaster? 재난을 경험해 본 적 있나요?

A:

0500 ☐☐☐

discipline
[ˈdɪsəplɪn]

n 훈련, 규율, 학과 **v** 훈련시키다

= **training, control, order, field of study, punish**
+ **disciplined** **a** 훈련된, 규율 있는

Q: Does a good leader need to have strict discipline?
좋은 리더는 엄격한 규율[자기 통제력]을 가져야 하나요?

A:

DAY 25 | DICTATION TEST

5회 반복 예문 QR

DICTATION **TEST** 예문 **QR**을 듣고 다음 빈칸에 올바른 단어를 쓰세요.

481. Did the doctor _______________ your illness?

482. Are you on a special _______________?

483. Do you have any _______________ restrictions?

484. How do these two opinions _______________?

485. What's the _______________ between these?

486. Did you have _______________ with the test?

487. Can you _______________ a hole here?

488. Do you find it hard to _______________ spicy food?

489. Does exercise help your _______________?

490. Are you _______________ in your studies?

491. Did the pain _______________ after medication?

492. Can you give me _______________?

493. Is the building accessible for _______________ people?

494. What's the _______________ of this method?

495. Do you _______________ with the proposal?

496. Did the magician make the rabbit _______________?

497. Did the movie _______________ you?

498. Are you _______________ with the results?

499. Have you ever experienced a _______________?

500. Does a good leader need to have strict _______________?

5회 반복 표제어 **QR**   5회 반복 예문 **QR**

DAY
26
30 days

PREVIEW A 다음 단어의 뜻을 한국어로 써보세요.

☐ discount	☐ dispose
☐ discourage	☐ distance
☐ discrimination	☐ distant
☐ discuss	☐ distinct
☐ discussion	☐ distinguish
☐ disease	☐ distract
☐ disgust	☐ distress
☐ dislike	☐ distribute
☐ dismiss	☐ district
☐ display	☐ disturb

PREVIEW B 사진을 보고 알맞은 영어 단어를 **PREVIEW** A 에서 찾아 써보세요.

0501 ☐☐☐

discount
[ˈdɪskaʊnt] **n** [dɪsˈkaʊnt] **v**

n 할인 **v** 할인하다

= reduction, markdown, cut, deduct, disregard
+ a discount shop 할인점

Q: Did you get a discount on that? 그것에 대해 할인을 받았나요?

A: ______________________________

0502 ☐☐☐

discourage
[dɪsˈkɜːrɪdʒ]

v 낙담시키다, 방해하다

= dishearten, deter, dissuade, prevent, put off
+ discouragement **n** 낙담, 좌절 discouraging **a** 낙담시키는
  discourage A from B A가 B하는 것을 막다[말리다, 방해하다]

Q: Did they discourage you from trying? 그들이 당신이 시도하는 것을 말렸나요?

A: ______________________________

0503 ☐☐☐

discrimination
[dɪˌskrɪmɪˈneɪʃn]

n 차별

= bias, prejudice, unfairness, segregation
+ discriminate **v** 차별하다, 구별하다 discriminatory **a** 차별적인

Q: Have you faced discrimination before? 전에 차별을 겪어본 적 있나요?

A: ______________________________

0504 ☐☐☐

discuss
[dɪˈskʌs]

v 논의하다

= talk about, debate, confer, deliberate
+ discussion **n** 토론

Q: Can we discuss this later? 이것에 대해 나중에 논의할 수 있을까요?

A: ______________________________

0505 ☐☐☐

discussion
[dɪˈskʌʃn]

n 토론, 논의

= conversation, debate, discourse, deliberation
+ discuss **v** 토론하다

Q: Was the discussion helpful? 논의가 도움이 되었나요?

A: ______________________________

0506 ☐☐☐

disease
[dɪˈziːz]

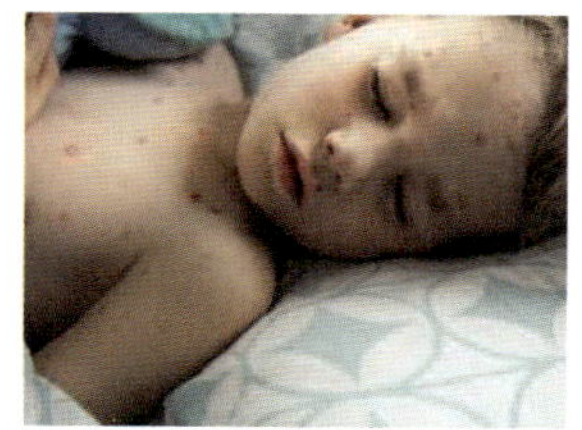

n 질병

= illness, sickness, ailment, malady
+ **diseased** **a** 병든

Q: Is this disease contagious? 이 질병은 전염성이 있나요?

A: _______________

0507 ☐☐☐

disgust
[dɪsˈgʌst]

n 혐오감 **v** 혐오감을 느끼게 하다

= revulsion, aversion, loathing, offend, nauseate
+ **disgusting** **a** 역겨운 **disgusted** **a** 혐오감을 느끼는

Q: Did that smell disgust you? 그 냄새가 역겨웠나요?

A: _______________

0508 ☐☐☐

dislike
[dɪsˈlaɪk]

n 싫어함 **v** 싫어하다

= aversion, distaste, antipathy, disapprove, object to
+ **a hearty dislike of something** ~에 대한 강한 반감

Q: Do you dislike spicy food? 매운 음식을 싫어하나요?

A: _______________

0509 ☐☐☐

dismiss
[dɪsˈmɪs]

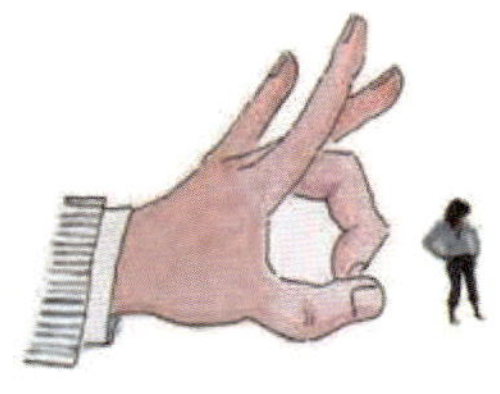

v 해고하다, 묵살하다

= fire, discharge, reject, disregard, wave aside
+ **dismissal** **n** 해고, 해산

Q: Why did they dismiss your idea? 왜 그들이 당신의 아이디어를 묵살했나요?

A: _______________

0510 ☐☐☐

display
[dɪˈspleɪ]

n 전시, 진열 **v** 전시하다, 보여주다

= show, exhibit, demonstrate, reveal, presentation
+ **on display** 전시[진열]된

Q: Is the new product on display? 새 제품이 전시되어 있나요?

A: _______________

0511 ☐☐☐

dispose
[dɪˈspoʊz]

v 처리하다, 배치하다

= get rid of, discard, arrange, position
+ **disposal** **n** 처분 **disposition** **n** 성향, 배치 **disposable** **a** 일회용의

Q: **Where do you dispose of old batteries?** 헌 건전지는 어디에 버리나요?

A: ....

0512 ☐☐☐

distance
[ˈdɪstəns]

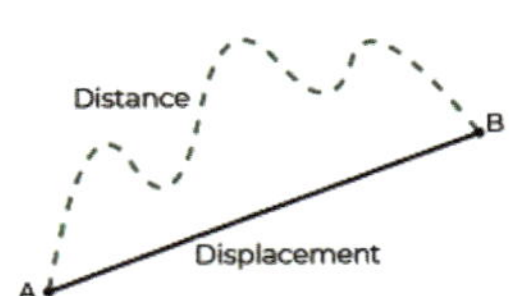

n 거리

= length, gap, space, remoteness, far
+ **distant** **a** 먼

Q: **What's the distance to the station?** 역까지 거리가 얼마나 되나요?

A: ....

0513 ☐☐☐

distant
[ˈdɪstənt]

a 먼, 떨어져 있는

= far, remote, faraway, aloof, separate
+ **distance** **n** 거리 **distantly** **adv** 멀리

Q: **Is your hometown distant from here?** 고향이 여기서 먼가요?

A: ....

0514 ☐☐☐

distinct
[dɪˈstɪŋkt]

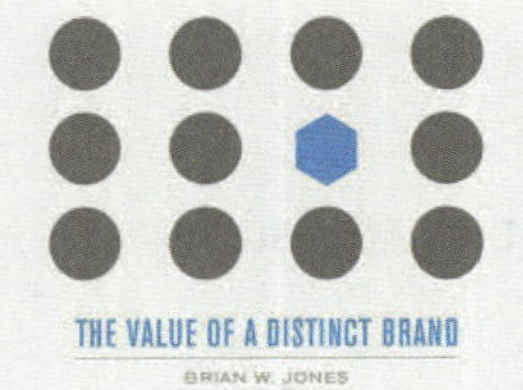

a 뚜렷한, 별개의

= separate, clear, obvious, unmistakable, unique
+ **distinction** **n** 구별, 차이 **distinctly** **adv** 뚜렷하게

Q: **Are the two flavors distinct?** 두 가지 맛이 확연히 다른가요?

A: ....

0515 ☐☐☐

distinguish
[dɪˈstɪŋgwɪʃ]

v 구별하다, 특징짓다

= differentiate, discern, recognize, characterize
+ **distinction** **n** 구별, 특색 **distinguishable** **a** 구별할 수 있는
  distinguished **a** 뛰어난

Q: **Can you distinguish between these sounds?** 이 소리들을 구별할 수 있나요?

A: ....

0516 ☐☐☐

distract
[dɪˈstrækt]

v 집중을 방해하다, 산만하게 하다

= **divert, sidetrack, disturb, draw away**
+ **distraction** **n** 주의 산만, 오락 **distracting** **a** 주의를 산만하게 하는

Q: Does noise distract you easily? 소음이 당신을 쉽게 산만하게 하나요?

A:

0517 ☐☐☐

distress
[dɪˈstres]

n 고통, 괴로움 **v** 괴롭히다

= **anguish, suffering, pain, trouble, upset**
+ **distressed** **a** 고통스러워하는 **distressing** **a** 고통스러운

Q: Did the news cause you distress? 그 소식이 당신에게 고통을 주었나요?

A:

0518 ☐☐☐

distribute
[dɪˈstrɪbjuːt]

v 분배하다, 배포하다

= **spread, allocate, dispense, hand out, disseminate**
+ **distribution** **n** 분배, 유통 **distributor** **n** 유통업자

Q: Who will distribute the flyers? 누가 전단지를 배포할 건가요?

A:

0519 ☐☐☐

district
[ˈdɪstrɪkt]

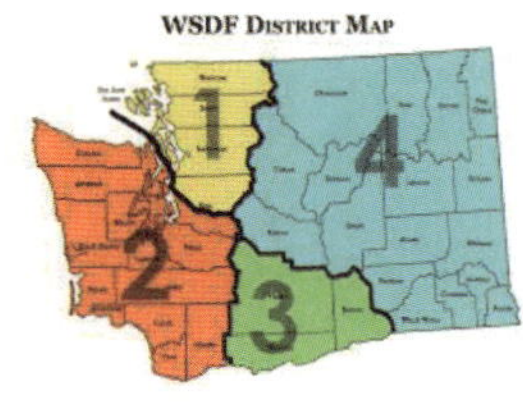

n 지역, 구역

= **area, region, zone, territory, neighborhood**
+ **the City of London's financial district** 런던 시티 지역의 금융 지구

Q: Which district do you live in? 어느 구역에 사나요?

A:

0520 ☐☐☐

disturb
[dɪˈstɜːrb]

v 방해하다, 불안하게 하다

= **bother, annoy, disrupt, upset, perturb**
+ **disturbance** **n** 방해, 소란 **disturbing** **a** 충격적인, 방해하는

Q: Did the noise disturb your sleep? 소음이 잠을 방해했나요?

A:

DAY 26 | DICTATION TEST

5회 반복 예문 QR

DICTATION **TEST** 예문 **QR**을 듣고 다음 빈칸에 올바른 단어를 쓰세요.

501. Did you get a _______________ on that?

502. Did they _______________ you from trying?

503. Have you faced _______________ before?

504. Can we _______________ this later?

505. Was the _______________ helpful?

506. Is this _______________ contagious?

507. Did that smell _______________ you?

508. Do you _______________ spicy food?

509. Why did they _______________ your idea?

510. Is the new product on _______________?

511. Where do you _______________ of old batteries?

512. What's the _______________ to the station?

513. Is your hometown _______________ from here?

514. Are the two flavors _______________?

515. Can you _______________ between these sounds?

516. Does noise _______________ you easily?

517. Did the news cause you _______________?

518. Who will _______________ the flyers?

519. Which _______________ do you live in?

520. Did the noise _______________ your sleep?

5회 반복 표제어 **QR**   5회 반복 예문 **QR**

DAY 27

30 days

PREVIEW A

다음 단어의 뜻을 한국어로 써보세요.

☐ dive _______________

☐ diverse _______________

☐ divide _______________

☐ document _______________

☐ domain _______________

☐ domestic _______________

☐ dominant _______________

☐ donate _______________

☐ doubt _______________

☐ downtown _______________

☐ drag _______________

☐ dramatic _______________

☐ draw _______________

☐ drip _______________

☐ drown _______________

☐ due _______________

☐ durable _______________

☐ dust _______________

☐ duty _______________

☐ dynamic _______________

PREVIEW B

사진을 보고 알맞은 영어 단어를 **PREVIEW A** 에서 찾아 써보세요.

_______________ _______________ _______________ _______________

0521 ☐☐☐

dive
[daɪv]

v 뛰어들다, 잠수하다　**n** 다이빙

= plunge, jump, descend, submerge, plummet
+ **diver** **n** 잠수부

Q: Can you dive that deep? 그렇게 깊이 다이빙할 수 있나요?

A:

0522 ☐☐☐

diverse
[daɪˈvɜːrs], [dɪˈvɜːrs]

a 다양한

= varied, assorted, heterogeneous, different
+ **diversity** **n** 다양성　**diversify** **v** 다양화하다　**diversely** **adv** 다양하게

Q: Is your group diverse? 당신의 그룹은 다양한가요?

A:

0523 ☐☐☐

divide
[dɪˈvaɪd]

v 나누다, 분할하다

= separate, split, share, distribute, cleave
+ **division** **n** 분할, 나눗셈　**divided** **a** 나뉜

Q: How do you divide the tasks? 업무를 어떻게 나누나요?

A:

0524 ☐☐☐

document
[ˈdɑːkjumənt] **n**
[ˈdɑːkjument] **v**

n 문서, 서류　**v** 기록하다

= record, paper, file, certificate, record, verify
+ **documentation** **n** 문서화, 서류　**documented** **a** 문서화된

Q: Did you sign the document? 문서에 서명했나요?

A:

0525 ☐☐☐

domain
[doʊˈmeɪn]

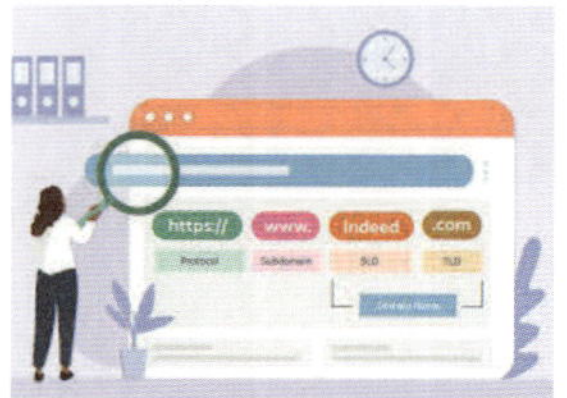

n 영역, 범위, (인터넷) 도메인

= realm, sphere, territory, area, field
+ **a public domain** 공유지

Q: Is this website your domain? 이 웹사이트가 당신의 소유인가요?

A:

0526 ☐☐☐

domestic
[dəˈmestɪk]

a 국내의, 가정의

= home, household, national, tamed
+ **domesticity** **n** 가정생활 **domestically** **adv** 국내에서

Q: Does the company primarily produce domestic goods, or do they import a lot? 그 회사는 주로 국내 제품을 생산하나요, 아니면 수입을 많이 하나요?
A: ____________________

0527 ☐☐☐

dominant
[ˈdɑːmɪnənt]

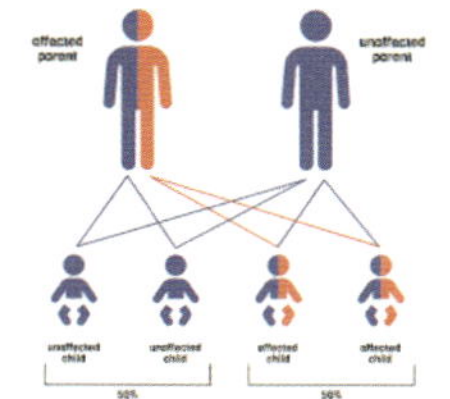

a 지배적인, 우세한

= controlling, leading, main, prevailing, primary
+ **dominance** **n** 우세, 지배 **dominate** **v** 지배하다

Q: Who is the dominant player here? 여기서 누가 주도적인 선수인가요?
A: ____________________

0528 ☐☐☐

donate
[ˈdoʊneɪt]

v 기부하다

= give, contribute, present, bestow
+ **donation** **n** 기부 **donor** **n** 기부자

Q: Will you donate to charity? 자선 단체에 기부할 건가요?
A: ____________________

0529 ☐☐☐

doubt
[daʊt]

n 의심 **v** 의심하다

= uncertainty, skepticism, hesitation, question, suspect
+ **doubtful** **a** 의심스러운 **doubtfully** **adv** 의심스럽게

Q: Do you doubt his story? 그의 이야기를 의심하나요?
A: ____________________

0530 ☐☐☐

downtown
[ˌdaʊnˈtaʊn]

n 시내 **adv** 시내로

= city center, urban core
+ **a downtown shopping plaza** 시내의 쇼핑센터

Q: Are you going downtown tonight? 오늘 밤 시내에 갈 건가요?
A: ____________________

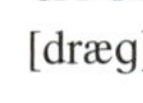

0531 ☐☐☐

drag
[dræg]

v 끌다 **n** 끌림

= pull, haul, draw, tug, burden
+ **drag on** (너무 오랫동안) 질질 끌다[계속되다]

Q: Will this meeting just drag on forever? 이 회의가 끝없이 길어질까요?

A:

0532 ☐☐☐

dramatic
[drəˈmætɪk]

a 극적인, 인상적인

= theatrical, striking, sudden, exciting, profound
+ **drama** **n** 드라마 **dramatist** **n** 극작가 **dramatically** **adv** 극적으로
  dramatize **v** 극화하다

Q: Was that a dramatic scene? 그것은 극적인 장면이었나요?

A:

0533 ☐☐☐

draw
[drɔ:]

v 그리다, 끌다 **n** 추첨

= sketch, depict, pull, attract, entice, result
+ **drawing** **n** 그림 **drawer** **n** 서랍, 그림 그리는 사람

Q: Can you draw a quick sketch? 간단한 스케치를 그릴 수 있나요?

A:

0534 ☐☐☐

drip
[drɪp]

v (물이) 뚝뚝 떨어지다 **n** 물방울

= trickle, drop, leak, ooze
+ **drip-dry** **a** (천이) 다림질이 필요 없는[손빨래가 쉬운] **drip-feed** **v** 조금씩[찔끔찔끔] 주다

Q: Did you hear the water drip? 물이 떨어지는 소리 들었나요?

A:

0535 ☐☐☐

drown
[draʊn]

v 물에 빠져 죽다, 익사시키다

= suffocate in water, submerge, overwhelm
+ **drowning** **n** 익사

Q: Can you swim well enough not to drown?
익사하지 않을 만큼 충분히 수영할 수 있나요?

A:

0536 ☐☐☐

due
[du:]

a ~하기로 되어 있는, 만기인, 적절한

= **owed, expected, deserved, proper, owing**
+ **due date** (특히 지불) 만기일 **in due course** 적절한 때에

Q: Is the payment due today? 오늘이 지불 기한인가요?

A: ....

0537 ☐☐☐

durable
['dʊrəbl]

a 튼튼한, 내구성이 있는

= **sturdy, robust, resilient, long-lasting**
+ **durability** **n** 내구성

Q: Is this material durable? 이 재료는 튼튼한가요?

A: ....

0538 ☐☐☐

dust
[dʌst]

n 먼지 **v** 먼지를 털다

= **dirt, powder, grime, clean, sprinkle**
+ **dusty** **a** 먼지투성이의

Q: Did you dust the shelves? 선반 먼지 닦았나요?

A: ....

0539 ☐☐☐

duty
['du:ti]

n 의무, 임무

= **obligation, responsibility, task, tax, custom**
+ **dutiful** **a** 충실한

Q: What are your main duties? 주요 임무가 무엇인가요?

A: ....

0540 ☐☐☐

dynamic
[daɪ'næmɪk]

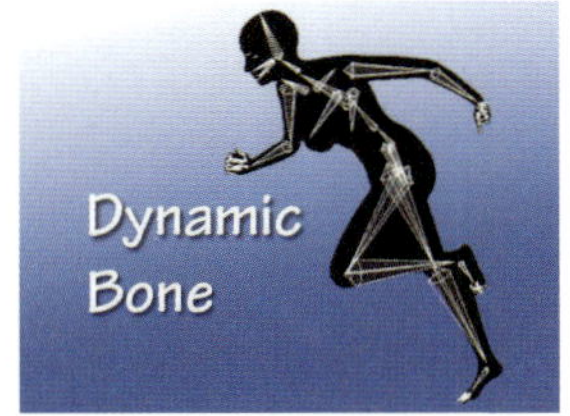

a 역동적인, 활기찬

= **energetic, vigorous, active, forceful, changing**
+ **dynamism** **n** 역동성 **dynamically** **adv** 역동적으로

Q: Is your team dynamic? 당신 팀은 역동적인가요?

A: ....

DAY 01 02 03 04 05 06 07 08 09 10 11 12 13 14 15 16 17 18 19 20 21 22 23 24 25 26 27 28 29 30

DAY 27 | DICTATION TEST

5회 반복 예문 QR

DICTATION **TEST** 예문 **QR**을 듣고 다음 빈칸에 올바른 단어를 쓰세요.

521. Can you _______________ that deep?

522. Is your group _______________?

523. How do you _______________ the tasks?

524. Did you sign the _______________?

525. Is this website your _______________?

526. Does the company primarily produce _______________ goods, or do they import a lot?

527. Who is the _______________ player here?

528. Will you _______________ to charity?

529. Do you _______________ his story?

530. Are you going _______________ tonight?

531. Will this meeting just _______________ on forever?

532. Was that a _______________ scene?

533. Can you _______________ a quick sketch?

534. Did you hear the water _______________?

535. Can you swim well enough not to _______________?

536. Is the payment _______________ today?

537. Is this material _______________?

538. Did you _______________ the shelves?

539. What are your main _______________?

540. Is your team _______________?

5회 반복 표제어 **QR** 5회 반복 예문 **QR**

DAY 28 30 days

PREVIEW A 다음 단어의 뜻을 한국어로 써보세요.

☐ dynasty

☐ eager

☐ earn

☐ earthquake

☐ ease

☐ economic

☐ economy

☐ ecosystem

☐ edit

☐ editor

☐ educate

☐ education

☐ effect

☐ effective

☐ efficient

☐ effort

☐ elaborate

☐ elect

☐ electric

☐ electricity

PREVIEW B 사진을 보고 알맞은 영어 단어를 **PREVIEW A** 에서 찾아 써보세요.

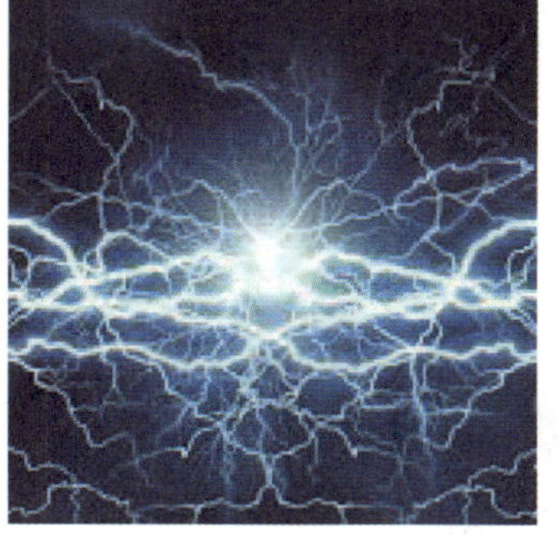

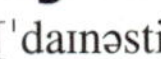

0541 ☐☐☐

dynasty
['daɪnəsti]

n 왕조, 왕가

= ruling house, lineage, regime
+ **dynastic** **a** 왕조의

Q: Have you studied the Joseon dynasty? 조선 왕조를 공부해 본 적이 있나요?

A: ....

0542 ☐☐☐

eager
['i:gər]

a 열렬한, 간절히 바라는

= **keen, enthusiastic, zealous, anxious, impatient**
+ **eagerness** **n** 열망, 간절함 **eagerly** **adv** 열심히, 간절히

Q: Are you eager to start? 시작할 준비가 되었나요?

A: ....

0543 ☐☐☐

earn
[ɜːrn]

v 벌다, 얻다

= **gain, acquire, obtain, make, deserve**
+ **earnings** **n** 수입, 소득

Q: How much do you earn monthly? 한 달에 얼마나 버나요?

A: ....

0544 ☐☐☐

earthquake
['ɜːrθkweɪk]

n 지진

= **tremor, quake, seismic event**
+ **earthquake-proof** **a** 내진(耐震)의 **an earthquake of magnitude 5** 진도 5의 지진

Q: Did you feel the earthquake last night? 어젯밤 지진을 느꼈나요?

A: ....

0545 ☐☐☐

ease
[iːz]

n 쉬움, 편안함 **v** 완화시키다

= **comfort, facility, simplicity, alleviate, soothe**
+ **easy** **a** 쉬운 **easily** **adv** 쉽게

Q: Does this app ease your work? 이 앱이 당신의 업무를 편하게 해주나요?

A: ....

0546 ☐☐☐

economic
[ˌiːkəˈnɑːmɪk], [ˌekəˈnɑːmɪk]

a 경제의

= **financial, monetary, fiscal, commercial**
+ **economy** n 경제 **economics** n 경제학 **economist** n 경제학자
  economically adv 경제적으로

Q: Is the economic situation improving? 경제 상황이 좋아지고 있나요?

A:

0547 ☐☐☐

economy
[ɪˈkɑːnəmi]

n 경제

= **finance, commerce, wealth, thrift**
+ **economic** a 경제의 **economical** a 절약하는 **economist** n 경제학자

Q: How's the economy doing now? 현재 경제는 어떤가요?

A:

0548 ☐☐☐

ecosystem
[ˈiːkoʊˌsɪstəm]

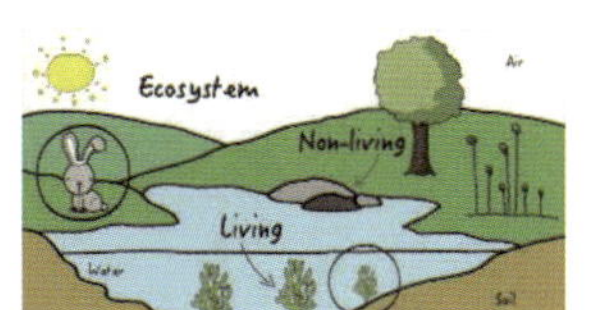

n 생태계

= **environment, habitat, natural system**
+ **destroy the ecosystem** 생태계를 파괴하다

Q: Is the ecosystem in good shape? 생태계는 건강한 상태인가요?

A:

0549 ☐☐☐

edit
[ˈedɪt]

v 편집하다

= **revise, correct, refine, compile, prepare**
+ **editor** n 편집자 **edition** n 판 **editing** n 편집

Q: Can you edit this document? 이 문서를 편집해 줄 수 있나요?

A:

0550 ☐☐☐

editor
[ˈedɪtər]

n 편집자

= **compiler, proofreader, director, publisher**
+ **edit** v 편집하다 **editing** n 편집

Q: Is she the editor of the magazine? 그녀가 그 잡지의 편집장인가요?

A:

0551 ☐☐☐

educate
[ˈedʒukeɪt]

v 교육하다

= **teach, instruct, train, enlighten, school**
+ **education** n 교육 **educator** n 교육자 **educated** a 교육받은
educational a 교육적인

Q: How do you educate your kids? 자녀들을 어떻게 교육하나요?

A:

0552 ☐☐☐

education
[ˌedʒuˈkeɪʃn]

n 교육

= **schooling, learning, instruction, training**
+ **educate** v 교육하다 **educator** n 교육자

Q: Is education important to you? 교육이 당신에게 중요한가요?

A:

0553 ☐☐☐

effect
[ɪˈfekt]

n 영향, 효과

= **result, consequence, impact, influence, achieve**
+ **effective** a 효과적인, 유효한 **effectively** adv 효과적으로

Q: Did the medicine have any effect? 약이 효과가 있었나요?

A:

0554 ☐☐☐

effective
[ɪˈfektɪv]

a 효과적인

= **efficient, successful, impactful, potent, powerful**
+ **effect** n 효과 **effectiveness** n 효과적임 **effectively** adv 효과적으로

Q: Is this method effective? 이 방법이 효과적인가요?

A:

0555 ☐☐☐

efficient
[ɪˈfɪʃnt]

a 효율적인

= **productive, effective, streamlined, organized**
+ **efficiency** n 효율성 **efficiently** adv 효율적으로

Q: Are you efficient at work? 업무 처리가 효율적인가요?

A:

0556 ☐☐☐

effort
[ˈefərt]

n 노력

= exertion, endeavor, attempt, struggle, try
+ **effortless** **a** 힘들이지 않는 **effortlessly** **adv** 쉽게

Q: Did you put enough effort into it? 그 일에 충분한 노력을 기울였나요?

A: ______________________________

0557 ☐☐☐

elaborate
[ɪˈlæbərət] **a** [ɪˈlæbəreɪt] **v**

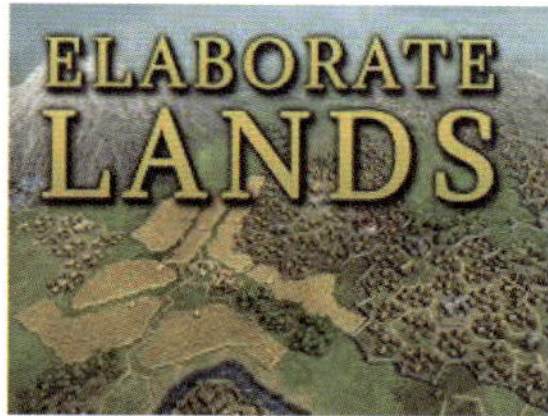

a 정교한 **v** 자세히 설명하다

= detailed, intricate, complex, expound, develop
+ **elaboration** **n** 정교화, 상세한 설명 **elaborately** **adv** 정교하게

Q: Can you elaborate on that idea? 그 아이디어에 대해 자세히 설명해 줄 수 있나요?

A: ______________________________

0558 ☐☐☐

elect
[ɪˈlekt]

v 선출하다, 선거하다

= choose, select, vote for, pick
+ **election** **n** 선거 **elector** **n** 유권자 **elected** **a** 선출된 **electoral** **a** 선거의

Q: Who will you elect in the next vote? 다음 투표에서 누구를 선출할 건가요?

A: ______________________________

0559 ☐☐☐

electric
[ɪˈlektrɪk]

a 전기의

= powered by electricity, charged, thrilling
+ **electricity** **n** 전기 **electrician** **n** 전기 기술자 **electrical** **a** 전기의
  electrically **adv** 전기적으로

Q: Is this car electric? 이 차는 전기차인가요?

A: ______________________________

0560 ☐☐☐

electricity
[ɪˌlekˈtrɪsəti]

n 전기

= power, current, energy, charge
+ **electric** **a** 전기의 **electrician** **n** 전기 기술자

Q: Is the electricity back on? 전기가 다시 들어왔나요?

A: ______________________________

DAY 28 | DICTATION TEST

5회 반복 예문 QR

DICTATION TEST 예문 **QR**을 듣고 다음 빈칸에 올바른 단어를 쓰세요.

541. Have you studied the Joseon ________________?

542. Are you ________________ to start?

543. How much do you ________________ monthly?

544. Did you feel the ________________ last night?

545. Does this app ________________ your work?

546. Is the ________________ situation improving?

547. How's the ________________ doing now?

548. Is the ________________ in good shape?

549. Can you ________________ this document?

550. Is she the ________________ of the magazine?

551. How do you ________________ your kids?

552. Is ________________ important to you?

553. Did the medicine have any ________________?

554. Is this method ________________?

555. Are you ________________ at work?

556. Did you put enough ________________ into it?

557. Can you ________________ on that idea?

558. Who will you ________________ in the next vote?

559. Is this car ________________?

560. Is the ________________ back on?

5회 반복 표제어 **QR**   5회 반복 예문 **QR**

DAY 29

30 days

PREVIEW A   다음 단어의 뜻을 한국어로 써보세요.

☐ electronic ___________________

☐ element ___________________

☐ eliminate ___________________

☐ embarrass ___________________

☐ embrace ___________________

☐ emerge ___________________

☐ emergence ___________________

☐ emergency ___________________

☐ emission ___________________

☐ emotion ___________________

☐ empathy ___________________

☐ emphasize ___________________

☐ empire ___________________

☐ employ ___________________

☐ enable ___________________

☐ encounter ___________________

☐ encourage ___________________

☐ encouragement ___________________

☐ endure ___________________

☐ enforce ___________________

PREVIEW B   사진을 보고 알맞은 영어 단어를 PREVIEW A 에서 찾아 써보세요.

___________________   ___________________   ___________________   ___________________

0561 □□□

electronic
[ɪˌlekˈtrɑːnɪk]

a 전자의

= digital, computerized, technology-based
+ **electronics** **n** 전자 공학 **electronically** **adv** 전자적으로

Q: Do you use electronic devices daily? 매일 전자기기를 사용하나요?

A:

0562 □□□

element
[ˈelɪmənt]

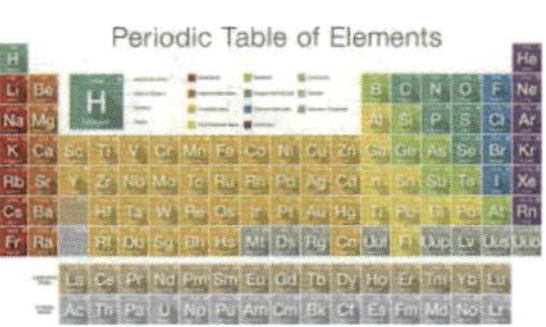

n 요소, 원소

= component, part, factor, basic principle, constituent
+ **elementary** **a** 초보적인, 기본의

Q: What's the key element here? 여기서 핵심 요소는 무엇인가요?

A:

0563 □□□

eliminate
[ɪˈlɪmɪneɪt]

v 제거하다

= remove, get rid of, abolish, exclude, defeat
+ **elimination** **n** 제거, 삭제

Q: How can we eliminate mistakes? 어떻게 실수를 없앨 수 있나요?

A:

0564 □□□

embarrass
[ɪmˈbærəs]

v 당황하게 하다, 난처하게 하다

= mortify, humiliate, shame, discomfort
+ **embarrassment** **n** 당황, 난처함 **embarrassing** **a** 당황스러운
  embarrassed **a** 당황한

Q: Did that mistake embarrass you? 그 실수가 당신을 당황하게 했나요?

A:

0565 □□□

embrace
[ɪmˈbreɪs]

v 포옹하다, 받아들이다

= hug, clasp, adopt, accept, encompass
+ **embrace a child tenderly** 아이를 부드럽게 껴안다

Q: Are you ready to embrace change? 변화를 받아들일 준비가 되었나요?

A:

0566 ☐☐☐

emerge
[ɪˈmɜːrdʒ]

v 나타나다, 출현하다

= appear, come out, surface, arise
+ emergence **n** 출현, 발생 emergent **a** 떠오르는, 비상하는

Q: Did a leader emerge from the group? 그룹에서 리더가 나타났나요?

A: _______________________

0567 ☐☐☐

emergence
[ɪˈmɜːrdʒəns]

n 출현, 발생

= appearance, coming forth, rise, origin
+ emerge **v** 나타나다

Q: When was the emergence of this trend? 이 트렌드는 언제 출현했나요?

A: _______________________

0568 ☐☐☐

emergency
[ɪˈmɜːrdʒənsi]

n 비상사태

= crisis, urgency, exigency, pressing situation
+ emergent **a** 비상의

Q: Do you know what to do in an emergency? 비상 상황에서 어떻게 해야 할지 아나요?

A: _______________________

0569 ☐☐☐

emission
[ɪˈmɪʃn]

n 배출, 방출

= discharge, release, exhaust, outpouring
+ emit **v** 방출하다

Q: Are emissions decreasing worldwide? 전 세계적으로 배출량이 감소하고 있나요?

A: _______________________

0570 ☐☐☐

emotion
[ɪˈmoʊʃn]

n 감정

= feeling, sentiment, passion, mood
+ emotional **a** 감정적인 emotionally **adv** 감정적으로

Q: Did that movie stir your emotions? 그 영화가 당신의 감정을 움직였나요?

A: _______________________

0571 ☐☐☐

empathy
[ˈempəθi]

n 공감

= understanding, compassion, sympathy, fellow feeling
+ **empathize** **v** 공감하다　**empathetic[empathic]** **a** 공감하는

Q: Do you have empathy for others? 다른 사람들에게 공감 능력이 있나요?

A:

0572 ☐☐☐

emphasize
[ˈemfəsaɪz]

v 강조하다

= stress, highlight, underscore, prioritize, accentuate
+ **emphasis** **n** 강조　**emphatic** **a** 강조하는　**emphatically** **adv** 강력히

Q: Can you emphasize the main point? 주요 요점을 강조해 줄 수 있나요?

A:

0573 ☐☐☐

empire
[ˈempaɪər]

n 제국

= realm, domain, kingdom, vast state
+ **emperor** **n** 황제　**imperial** **a** 제국의

Q: Have you read about the Roman empire? 로마 제국에 대해 읽어본 적 있나요?

A:

0574 ☐☐☐

employ
[ɪmˈplɔɪ]

v 고용하다, 사용하다

= hire, use, utilize, engage, apply
+ **employment** **n** 고용　**employee** **n** 직원　**employer** **n** 고용주
　employed **a** 고용된　**unemployed** **a** 실업의

Q: Does your company employ many people? 당신 회사는 많은 사람을 고용하고 있나요?

A:

0575 ☐☐☐

enable
[ɪˈneɪbl]

v ~할 수 있게 하다

= allow, permit, facilitate, empower
+ **enabler** **n** 가능하게 하는 것[사람]

Q: Does this app enable faster work? 이 앱이 더 빠른 작업을 가능하게 하나요?

A:

0576 ☐☐☐

encounter
[ɪnˈkaʊntər]

n 만남　**v** 우연히 만나다, 직면하다

= meet, confront, experience, confrontation, meeting
+ **a fateful encounter** 숙명적인 만남

Q: Have you encountered any problems? 어떤 문제라도 겪어본 적 있나요?

A:

0577 ☐☐☐

encourage
[ɪnˈkɜːrɪdʒ]

v 격려하다, 장려하다

= inspire, motivate, promote, support, foster
+ **encouragement** **n** 격려　**encouraging** **a** 격려하는　**encouraged** **a** 격려 받은

Q: Do you encourage your team often? 팀을 자주 격려하나요?

A:

0578 ☐☐☐

encouragement
[ɪnˈkɜːrɪdʒmənt]

n 격려

= support, motivation, boost, reassurance
+ **encourage** **v** 격려하다

Q: Did you get encouragement from your boss? 상사에게 격려를 받았나요?

A:

0579 ☐☐☐

endure
[ɪnˈdʊr]

v 견디다, 지속하다

= tolerate, bear, last, persist, withstand
+ **endurance** **n** 인내, 내구성　**enduring** **a** 영속적인, 끈기 있는

Q: Can you endure tough situations? 힘든 상황을 견딜 수 있나요?

A:

0580 ☐☐☐

enforce
[ɪnˈfɔːrs]

v 강요하다, 시행하다

= implement, apply, impose, compel
+ **enforcement** **n** 집행, 시행　**enforcer** **n** 집행자

Q: Who enforces the rules here? 여기서 누가 규칙을 시행하나요?

A:

DAY 29 | DICTATION TEST

5회 반복 예문 QR

DICTATION　TEST 예문 **QR**을 듣고 다음 빈칸에 올바른 단어를 쓰세요.

561. Do you use _______________ devices daily?

562. What's the key _______________ here?

563. How can we _______________ mistakes?

564. Did that mistake _______________ you?

565. Are you ready to _______________ change?

566. Did a leader _______________ from the group?

567. When was the _______________ of this trend?

568. Do you know what to do in an _______________?

569. Are _______________ decreasing worldwide?

570. Did that movie stir your _______________?

571. Do you have _______________ for others?

572. Can you _______________ the main point?

573. Have you read about the Roman _______________?

574. Does your company _______________ many people?

575. Does this app _______________ faster work?

576. Have you _______________ any problems?

577. Do you _______________ your team often?

578. Did you get _______________ from your boss?

579. Can you _______________ tough situations?

580. Who _______________ the rules here?

5회 반복 표제어 **QR**　　5회 반복 예문 **QR**

DAY
30
30 days

PREVIEW A 다음 단어의 뜻을 한국어로 써보세요.

☐ **engage**　　　　　　　　　　☐ **entire**

☐ **engineer**　　　　　　　　　☐ **entirely**

☐ **enhance**　　　　　　　　　☐ **entrance**

☐ **enjoyable**　　　　　　　　☐ **envelope**

☐ **enormous**　　　　　　　　☐ **environment**

☐ **enrich**　　　　　　　　　　☐ **environmental**

☐ **enroll**　　　　　　　　　　☐ **equal**

☐ **ensure**　　　　　　　　　　☐ **equipment**

☐ **entertain**　　　　　　　　☐ **equivalent**

☐ **enthusiasm**　　　　　　　☐ **erase**

PREVIEW B 사진을 보고 알맞은 영어 단어를 **PREVIEW A** 에서 찾아 써보세요.

0581 ☐☐☐

engage
[ɪnˈɡeɪdʒ]

v 참여하다, 약혼하다

= involve, participate, occupy, interact, commit
+ **engagement** n 약혼, 참여 **engaging** a 매력적인 **engaged** a 몰두하는, 약혼한

Q: Do you engage in team projects? 팀 프로젝트에 참여하나요?

A: ....

0582 ☐☐☐

engineer
[ˌendʒɪˈnɪr]

n 기술자 **v** (일을) 설계하다

= design, construct, devise, mechanic, planner
+ **engineering** n 공학

Q: Is he a software engineer? 그는 소프트웨어 엔지니어인가요?

A: ....

0583 ☐☐☐

enhance
[ɪnˈhæns]

v 향상시키다

= improve, boost, heighten, augment, elevate
+ **enhancement** n 향상, 증대

Q: How can we enhance the experience? 어떻게 경험을 향상시킬 수 있을까요?

A: ....

0584 ☐☐☐

enjoyable
[ɪnˈdʒɔɪəbl]

a 즐거운

= pleasant, delightful, pleasurable, agreeable
+ **enjoyment** n 즐거움 **enjoy** v 즐기다 **enjoyably** adv 즐겁게

Q: Was the party enjoyable? 파티는 즐거웠나요?

A: ....

0585 ☐☐☐

enormous
[ɪˈnɔːrməs]

a 거대한, 막대한

= huge, massive, gigantic, immense, colossal
+ **enormity** n 거대함, 극악무도함 **enormously** adv 엄청나게

Q: Did the project take an enormous effort?
그 프로젝트에 엄청난 노력이 들었나요?

A: ....

0586 ☐☐☐

enrich
[ɪnˈrɪtʃ]

v 풍부하게 하다, 향상시키다

= enhance, improve, deepen, make rich
+ **enrichment** **n** 풍부하게 함

Q: How does travel enrich your life? 여행이 당신의 삶을 어떻게 풍요롭게 만드나요?

A:

0587 ☐☐☐

enroll
[ɪnˈroʊl]

v 등록하다, 입학시키다

= register, sign up, admit, join
+ **enrollment[enrolment]** **n** 등록

Q: Have you enrolled in the course? 그 강좌에 등록했나요?

A:

0588 ☐☐☐

ensure
[ɪnˈʃʊr]

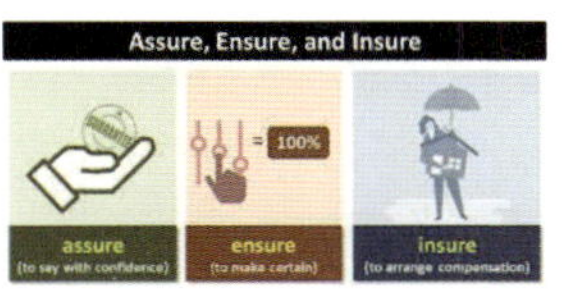

v 보장하다, 확실하게 하다

= guarantee, assure, secure, make certain
+ **ensure oneself from harm** 위해로부터 몸을 지키다

Q: Can you ensure the quality? 품질을 보장할 수 있나요?

A:

0589 ☐☐☐

entertain
[ˌentərˈteɪn]

v 즐겁게 하다

= amuse, delight, divert, host, occupy
+ **entertainment** **n** 오락 **entertainer** **n** 연예인 **entertaining** **a** 재미있는
entertained **a** 즐거워하는

Q: Do you entertain guests often? 손님을 자주 접대하나요?

A:

0590 ☐☐☐

enthusiasm
[ɪnˈθuːziæzəm]

n 열정

= passion, zeal, eagerness, fervor, excitement
+ **enthusiast** **n** 열광적인 팬 **enthusiastic** **a** 열정적인
enthusiastically **adv** 열정적으로

Q: Is your enthusiasm contagious? 당신의 열정은 전염성이 있나요?

A:

0591 ☐☐☐

entire
[ɪnˈtaɪər]

a 전체의

= whole, complete, total, full
+ **entirety** n 전체 **entirely** adv 완전히

Q: **Did you read the entire book?** 책 전체를 다 읽었나요?

A:

0592 ☐☐☐

entirely
[ɪnˈtaɪərli]

adv 전적으로, 완전히

= completely, wholly, totally, exclusively
+ **entire** a 전체의

Q: **Are you entirely sure about that?** 그것에 대해 완전히 확신하나요?

A:

0593 ☐☐☐

entrance
[ˈentrəns]

n 입구, 입장

= entry, access, doorway, admission, beginning
+ **enter** v 들어가다

Q: **Is the entrance on the left?** 입구가 왼쪽에 있나요?

A:

0594 ☐☐☐

envelope
[ˈenvəloʊp], [ˈɑːnvəloʊp]

n 봉투

= wrapper, casing, cover, covering
+ **writing paper and envelopes** 편지지와 편지 봉투들

Q: **Did you seal the envelope?** 봉투를 봉했나요?

A:

0595 ☐☐☐

environment
[ɪnˈvaɪrənmənt]

n 환경

= surroundings, habitat, atmosphere, ecology
+ **environmental** a 환경의 **environmentalist** n 환경 운동가

Q: **Is this environment comfortable?** 이 환경은 편안한가요?

A:

0596 ☐☐☐

environmental
[ɪnˌvaɪrənˈmentl]

a 환경의

= ecological, natural, green, pertaining to the environment
+ **environment** **n** 환경 **environmentally** **adv** 환경적으로

Q: Are you concerned about environmental issues?
환경 문제에 대해 걱정하나요?

A:

0597 ☐☐☐

equal
[ˈiːkwəl]

a 같은, 동등한 **v** ~와 같다

= same, equivalent, identical, level, match
+ **equality** **n** 평등 **equation** **n** 방정식 **equalize** **v** 동등하게 하다
equally **adv** 동등하게

Q: Are the parts equal in size? 부품들의 크기가 동일한가요?

A:

0598 ☐☐☐

equipment
[ɪˈkwɪpmənt]

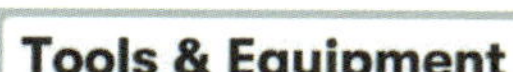

n 장비, 설비

= gear, apparatus, tools, machinery, kit
+ **equip** **v** 장비를 갖추다

Q: Is the equipment ready? 장비는 준비되었나요?

A:

0599 ☐☐☐

equivalent
[ɪˈkwɪvələnt]

a 동등한 **n** 동등한 것

= equal, comparable, corresponding, similar
+ **equivalence** **n** 동등함 **equivalently** **adv** 동등하게

Q: Is this product equivalent to the other? 이 제품이 다른 제품과 동등한가요?

A:

0600 ☐☐☐

erase
[ɪˈreɪs]

v 지우다

= delete, remove, rub out, obliterate
+ **eraser** **n** 지우개 **erasure** **n** 삭제

Q: Can I erase this stain? 이 얼룩을 지울 수 있나요?

A:

DAY 30 | DICTATION TEST

5회 반복 예문 QR

DICTATION **TEST** 예문 **QR**을 듣고 다음 빈칸에 올바른 단어를 쓰세요.

581. Do you _____________ in team projects?

582. Is he a software _____________?

583. How can we _____________ the experience?

584. Was the party _____________?

585. Did the project take an _____________ effort?

586. How does travel _____________ your life?

587. Have you _____________ in the course?

588. Can you _____________ the quality?

589. Do you _____________ guests often?

590. Is your _____________ contagious?

591. Did you read the _____________ book?

592. Are you _____________ sure about that?

593. Is the _____________ on the left?

594. Did you seal the _____________?

595. Is this _____________ comfortable?

596. Are you concerned about _____________ issues?

597. Are the parts _____________ in size?

598. Is the _____________ ready?

599. Is this product _____________ to the other?

600. Can I _____________ this stain?

대기중 영단어 1800 리스트

1. abandon
2. ability
3. aboard
4. abroad
5. absence
6. absolute
7. absorb
8. abstract
9. academic
10. accent
11. accept
12. access
13. accident
14. accompany
15. accomplish
16. account
17. accurate
18. accuse
19. achieve
20. acid
21. acquire
22. activate
23. active
24. adapt
25. addicted
26. addition
27. address
28. adequate
29. adjust
30. admire
31. admission
32. admit
33. adolescent
34. adopt
35. advance
36. advantage
37. advertise
38. advise
39. advocate
40. affect
41. afford
42. afterward
43. agent
44. aggressive
45. agriculture
46. aid
47. aim
48. aircraft
49. alike
50. aloud
51. alter
52. alternative
53. although
54. altitude
55. amaze
56. ambiguous
57. amount

58. amuse
59. amusement
60. analyze
61. ancestor
62. ancient
63. angle
64. anniversary
65. announce
66. announcer
67. annoy
68. annual
69. anonymous
70. anticipate
71. antique
72. anxiety
73. anxious
74. anytime
75. anyway
76. apart
77. apologize
78. apology
79. apparent
80. appeal
81. appear
82. appearance
83. applaud
84. apply
85. appoint
86. appreciate
87. approach
88. appropriate
89. approve
90. approximately
91. aptitude
92. architecture
93. argue
94. argument
95. arise
96. army
97. arouse
98. arrange
99. arrangement
100. arrest
101. arrogant
102. article
103. artificial
104. ashamed
105. asleep
106. aspect
107. aspire
108. assemble
109. assess
110. asset
111. assign
112. assist
113. associate
114. association
115. assume
116. astronaut
117. astronomer
118. athlete

119. atmosphere
120. atom
121. attach
122. attain
123. attempt
124. attend
125. attention
126. attitude
127. attract
128. attraction
129. attractive
130. attribute
131. audience
132. author
133. authority
134. automatic
135. automobile
136. available
137. avenue
138. average
139. avoid
140. await
141. awake
142. award
143. aware
144. awesome
145. awful
146. awkward
147. background
148. bacteria
149. badly
150. balance
151. bald
152. ban
153. bandage
154. banner
155. bar
156. barely
157. barrier
158. basis
159. bear
160. beat
161. beg
162. behave
163. behavior
164. belief
165. belong
166. bend
167. benefit
168. beside
169. besides
170. bet
171. bias
172. bill
173. billion
174. bind
175. biology
176. birth
177. bit
178. bitter
179. blame

180. blend
181. bless
182. block
183. bold
184. bond
185. boost
186. booth
187. border
188. bother
189. bow
190. brain
191. branch
192. breathe
193. breed
194. brief
195. brilliant
196. broad
197. broadcast
198. budget
199. bullet
200. bunch
201. burden
202. burst
203. bury
204. bush
205. business
206. cable
207. cage
208. calculate
209. campaign
210. canal
211. cancer
212. candidate
213. candle
214. capable
215. capital
216. capture
217. carbon
218. cardboard
219. career
220. carnival
221. carve
222. cast
223. castle
224. casual
225. caution
226. cautious
227. cease
228. ceiling
229. celebrate
230. cell
231. ceremony
232. certain
233. certainly
234. certificate
235. chain
236. challenge
237. champion
238. character
239. characteristic
240. charge

241. charity
242. charm
243. chart
244. chase
245. cheat
246. chef
247. chemical
248. chemistry
249. cherish
250. chest
251. chief
252. childhood
253. chop
254. chore
255. chronic
256. circuit
257. circulate
258. circumstance
259. circus
260. cite
261. citizen
262. civil
263. claim
264. clarify
265. classic
266. classical
267. classify
268. clerk
269. clever
270. cliff
271. climate
272. climbing
273. closet
274. clue
275. coal
276. coast
277. coincide
278. collaborate
279. collapse
280. colleague
281. collection
282. collective
283. college
284. combat
285. combine
286. comfort
287. comfortable
288. command
289. comment
290. commerce
291. commercial
292. commit
293. committee
294. common
295. commonly
296. communicate
297. communication
298. community
299. commute
300. companion
301. company

302. compare	363. continent	424. debate	485. difference	546. economic
303. comparison	364. continue	425. debt	486. difficulty	547. economy
304. compass	365. continuous	426. decade	487. dig	548. ecosystem
305. compete	366. contract	427. decay	488. digest	549. edit
306. competition	367. contrary	428. deceive	489. digestion	550. editor
307. competitive	368. contrast	429. decision	490. diligent	551. educate
308. complain	369. contribute	430. declare	491. diminish	552. education
309. complaint	370. convenient	431. decline	492. direction	553. effect
310. complement	371. convention	432. decorate	493. disabled	554. effective
311. complete	372. conversation	433. decoration	494. disadvantage	555. efficient
312. completely	373. convert	434. decrease	495. disagree	556. effort
313. complex	374. convey	435. dedicate	496. disappear	557. elaborate
314. complicate	375. convince	436. dedication	497. disappoint	558. elect
315. complicated	376. cooperate	437. defeat	498. disappointed	559. electric
316. compliment	377. cooperative	438. defend	499. disaster	560. electricity
317. compose	378. coordinate	439. defense	500. discipline	561. electronic
318. compromise	379. corporation	440. define	501. discount	562. element
319. conceal	380. correctly	441. definite	502. discourage	563. eliminate
320. concentrate	381. costly	442. degree	503. discrimination	564. embarrass
321. concept	382. cotton	443. delay	504. discuss	565. embrace
322. concern	383. council	444. delicate	505. discussion	566. emerge
323. concerned	384. counsel	445. delight	506. disease	567. emergence
324. conclude	385. counselor	446. deliver	507. disgust	568. emergency
325. conclusion	386. crack	447. delivery	508. dislike	569. emission
326. concrete	387. craft	448. demand	509. dismiss	570. emotion
327. condition	388. crash	449. democracy	510. display	571. empathy
328. conduct	389. crawl	450. demonstrate	511. dispose	572. emphasize
329. conference	390. crazy	451. dense	512. distance	573. empire
330. confess	391. creation	452. deny	513. distant	574. employ
331. confidence	392. creature	453. department	514. distinct	575. enable
332. confident	393. credit	454. depend	515. distinguish	576. encounter
333. confine	394. crime	455. depress	516. distract	577. encourage
334. confirm	395. criminal	456. depressed	517. distress	578. encouragement
335. conflict	396. crisis	457. depth	518. distribute	579. endure
336. conform	397. critical	458. derive	519. district	580. enforce
337. confront	398. criticize	459. descend	520. disturb	581. engage
338. confuse	399. crop	460. describe	521. dive	582. engineer
339. congratulation	400. crowd	461. description	522. diverse	583. enhance
340. conquer	401. crowded	462. desert	523. divide	584. enjoyable
341. conscience	402. crucial	463. deserve	524. document	585. enormous
342. conscious	403. cruel	464. desire	525. domain	586. enrich
343. consent	404. crush	465. despair	526. domestic	587. enroll
344. consequence	405. cultivate	466. desperate	527. dominant	588. ensure
345. conserve	406. cultural	467. despite	528. donate	589. entertain
346. consider	407. cure	468. destination	529. doubt	590. enthusiasm
347. considerable	408. curiosity	469. destiny	530. downtown	591. entire
348. considerate	409. curious	470. destroy	531. drag	592. entirely
349. consist	410. current	471. destruction	532. dramatic	593. entrance
350. consistent	411. curve	472. detail	533. draw	594. envelope
351. constant	412. custom	473. detect	534. drip	595. environment
352. constantly	413. customer	474. detective	535. drown	596. environmental
353. construct	414. cyber	475. determine	536. due	597. equal
354. construction	415. cycle	476. develop	537. durable	598. equipment
355. consult	416. damage	477. device	538. dust	599. equivalent
356. consume	417. damp	478. devise	539. duty	600. erase
357. contact	418. dare	479. devote	540. dynamic	601. escalate
358. contain	419. data	480. dew	541. dynasty	602. escape
359. container	420. daytime	481. diagnose	542. eager	603. especially
360. contemporary	421. deadly	482. diet	543. earn	604. essence
361. content	422. deal	483. dietary	544. earthquake	605. essential
362. context	423. dealer	484. differ	545. ease	606. establish

607. estimate
608. ethic
609. ethical
610. ethnic
611. evaluate
612. evaporate
613. eventually
614. evidence
615. evident
616. evil
617. evolve
618. exactly
619. exaggerate
620. examine
621. exceed
622. except
623. excess
624. exchange
625. excitement
626. exclude
627. exhaust
628. exhausted
629. exhibit
630. exhibition
631. exist
632. existence
633. exotic
634. expand
635. expect
636. expend
637. expense
638. experience
639. experiment
640. expert
641. explain
642. explode
643. explore
644. export
645. expose
646. express
647. expression
648. extend
649. extent
650. external
651. extinct
652. extra
653. extraordinary
654. extreme
655. fabric
656. facility
657. factor
658. fade
659. failure
660. faint
661. fair
662. faith
663. fake
664. fame
665. familiar
666. fancy
667. fantasy

668. fare
669. fascinate
670. fashionable
671. fasten
672. fate
673. fatigue
674. faucet
675. fault
676. favor
677. favorite
678. fear
679. feast
680. feather
681. feature
682. fee
683. feed
684. fellow
685. fiction
686. field
687. figure
688. filter
689. finance
690. financial
691. fine
692. firm
693. fit
694. flame
695. flash
696. flat
697. flavor
698. flesh
699. flexible
700. flight
701. float
702. flood
703. flourish
704. flow
705. fluid
706. fold
707. folk
708. following
709. forbid
710. force
711. forecast
712. foreign
713. foresee
714. forever
715. forget
716. forgive
717. formal
718. format
719. former
720. formula
721. fortunate
722. fortunately
723. fortune
724. found
725. fountain
726. fragile
727. frame
728. frankly

729. freedom
730. freezing
731. frequent
732. friendship
733. fright
734. frighten
735. frustrate
736. fuel
737. fulfill
738. function
739. fund
740. fundamental
741. furniture
742. further
743. furthermore
744. gap
745. garage
746. gender
747. general
748. generally
749. generate
750. generation
751. generous
752. genetic
753. genius
754. genuine
755. geography
756. gesture
757. glance
758. glory
759. glow
760. govern
761. government
762. grab
763. grade
764. gradual
765. gradually
766. graduate
767. graduation
768. grain
769. grammar
770. grant
771. grateful
772. grave
773. gravity
774. grip
775. grocery
776. growth
777. guarantee
778. guard
779. guest
780. guilty
781. habitat
782. haircut
783. handle
784. happen
785. hardly
786. harm
787. harvest
788. haste
789. hatch

790. heal
791. heaven
792. height
793. heritage
794. hesitate
795. hiccup
796. highlight
797. highly
798. hire
799. historic
800. historical
801. hollow
802. holy
803. honor
804. horizon
805. horizontal
806. horror
807. hospitality
808. host
809. hostility
810. household
811. humanity
812. humble
813. humiliate
814. hunger
815. hurricane
816. hybrid
817. hypothesis
818. ideal
819. identical
820. identify
821. identity
822. idiom
823. idle
824. ignore
825. illegal
826. illustrate
827. imaginary
828. imagination
829. imaginative
830. imagine
831. imitate
832. immediate
833. immediately
834. immigrate
835. immune
836. impact
837. impatient
838. imply
839. import
840. importance
841. impossible
842. impress
843. impressed
844. impression
845. impressive
846. improve
847. incident
848. incline
849. include
850. income

851. increase
852. incredible
853. indeed
854. independence
855. independent
856. index
857. indicate
858. indifferent
859. individual
860. indoor
861. industry
862. inevitable
863. infant
864. infect
865. infection
866. inferior
867. influence
868. inform
869. informal
870. information
871. ingredient
872. inhabit
873. inherent
874. inherit
875. initial
876. initiate
877. injure
878. injured
879. injury
880. injustice
881. inner
882. innocent
883. innovation
884. input
885. inquire
886. inquiry
887. insert
888. insight
889. insist
890. inspect
891. inspire
892. install
893. instance
894. instant
895. instead
896. instinct
897. institute
898. institution
899. instruct
900. instrument
901. insult
902. insurance
903. intake
904. intellectual
905. intelligence
906. intelligent
907. intend
908. intense
909. interaction
910. interest
911. interfere

912. interior	973. literate	1034. migrate	1095. nuclear	1156. particular
913. internal	974. literature	1035. military	1096. numerous	1157. partner
914. international	975. litter	1036. minimize	1097. nutrient	1158. passage
915. interpret	976. load	1037. minimum	1098. obey	1159. passenger
916. interpreter	977. loan	1038. minor	1099. object	1160. passion
917. interrupt	978. local	1039. miserable	1100. objective	1161. passive
918. interval	979. locate	1040. mission	1101. observe	1162. paste
919. intonation	980. location	1041. mixture	1102. obstacle	1163. path
920. introduce	981. locker	1042. moderate	1103. obtain	1164. patient
921. invade	982. logic	1043. modern	1104. obvious	1165. pattern
922. invent	983. logical	1044. modest	1105. occasion	1166. pause
923. invest	984. loose	1045. modify	1106. occupation	1167. pave
924. investigate	985. loosen	1046. monitor	1107. occupy	1168. peaceful
925. invitation	986. loss	1047. monster	1108. occur	1169. pedestrian
926. involve	987. loyal	1048. mood	1109. odd	1170. peer
927. iron	988. luxury	1049. moonlight	1110. offend	1171. penalty
928. irritate	989. lyric	1050. moral	1111. offer	1172. per
929. isolate	990. magnet	1051. moreover	1112. official	1173. perceive
930. issue	991. maintain	1052. mostly	1113. omit	1174. perform
931. jail	992. major	1053. motion	1114. operate	1175. performance
932. jealous	993. majority	1054. motivate	1115. operation	1176. perhaps
933. joint	994. manage	1055. motto	1116. operator	1177. period
934. journey	995. manipulate	1056. mount	1117. opinion	1178. permanent
935. judge	996. manner	1057. movement	1118. opponent	1179. permit
936. justice	997. manual	1058. mud	1119. opportunity	1180. persist
937. justify	998. manufacture	1059. multiple	1120. oppose	1181. personal
938. kindness	999. margin	1060. multiply	1121. opposite	1182. personality
939. knit	1000. mass	1061. murder	1122. optimist	1183. personnel
940. knowledge	1001. massive	1062. muscle	1123. option	1184. perspective
941. labor	1002. master	1063. mutual	1124. order	1185. persuade
942. laboratory	1003. masterpiece	1064. mysterious	1125. ordinary	1186. pesticide
943. lack	1004. material	1065. myth	1126. organ	1187. phase
944. ladder	1005. mature	1066. narrator	1127. organic	1188. phenomenon
945. landscape	1006. maximum	1067. narrow	1128. organization	1189. philosophy
946. lastly	1007. mayor	1068. native	1129. organize	1190. photographer
947. latter	1008. meaning	1069. natural	1130. orient	1191. phrase
948. launch	1009. meanwhile	1070. navigate	1131. origin	1192. physical
949. lawyer	1010. measure	1071. navy	1132. original	1193. physician
950. lay	1011. mechanic	1072. nearby	1133. originate	1194. physics
951. layer	1012. mechanical	1073. necessary	1134. otherwise	1195. pile
952. league	1013. medical	1074. necessity	1135. outcome	1196. pillow
953. leak	1014. meditate	1075. negative	1136. outline	1197. pioneer
954. lean	1015. medium	1076. neglect	1137. output	1198. pipe
955. leap	1016. melt	1077. negotiate	1138. outstanding	1199. pity
956. lecture	1017. memorable	1078. neighborhood	1139. overall	1200. plain
957. legal	1018. memorial	1079. nerve	1140. overcome	1201. planet
958. legend	1019. memory	1080. nervous	1141. overlap	1202. pleasure
959. lend	1020. mend	1081. nest	1142. overlook	1203. plenty
960. length	1021. mental	1082. net	1143. overseas	1204. plot
961. liberal	1022. mention	1083. neuron	1144. overwhelm	1205. plural
962. liberty	1023. mentor	1084. neutral	1145. owe	1206. poet
963. license	1024. merchant	1085. nevertheless	1146. oxygen	1207. poetry
964. lid	1025. mercy	1086. newborn	1147. pale	1208. poison
965. lightning	1026. merely	1087. noble	1148. panic	1209. polar
966. likely	1027. merit	1088. norm	1149. parade	1210. pole
967. limit	1028. merry	1089. normal	1150. paragraph	1211. policy
968. linguistic	1029. mess	1090. normally	1151. parallel	1212. polish
969. link	1030. messy	1091. northern	1152. paralyze	1213. political
970. liquid	1031. metal	1092. notice	1153. pardon	1214. politics
971. literal	1032. metaphor	1093. novel	1154. participate	1215. poll
972. literally	1033. method	1094. nowadays	1155. particle	1216. pollute

1217. pollution
1218. popularity
1219. population
1220. portion
1221. portrait
1222. pose
1223. position
1224. positive
1225. possess
1226. possible
1227. postpone
1228. posture
1229. potential
1230. poverty
1231. powder
1232. practical
1233. pray
1234. precious
1235. precise
1236. predator
1237. predict
1238. prefer
1239. pregnant
1240. prejudice
1241. prescribe
1242. present
1243. presentation
1244. preserve
1245. press
1246. pressure
1247. pretend
1248. prevent
1249. previous
1250. prey
1251. priceless
1252. pride
1253. priest
1254. primary
1255. prime
1256. primitive
1257. principal
1258. principle
1259. prior
1260. priority
1261. privacy
1262. private
1263. privilege
1264. probably
1265. procedure
1266. proceed
1267. process
1268. produce
1269. product
1270. productive
1271. profession
1272. professional
1273. professor
1274. profit
1275. profound
1276. progress
1277. prohibit

1278. promote
1279. pronounce
1280. pronunciation
1281. proof
1282. proper
1283. properly
1284. property
1285. proportion
1286. propose
1287. prospect
1288. protect
1289. protein
1290. protest
1291. prove
1292. proverb
1293. provide
1294. psychology
1295. public
1296. publication
1297. publish
1298. punctual
1299. punish
1300. pupil
1301. purchase
1302. pure
1303. purify
1304. purpose
1305. pursue
1306. qualify
1307. quality
1308. quantity
1309. quarrel
1310. quarter
1311. quit
1312. quote
1313. racial
1314. radical
1315. rainforest
1316. raise
1317. random
1318. range
1319. rank
1320. rapid
1321. rapidly
1322. rare
1323. rarely
1324. rate
1325. rather
1326. rational
1327. raw
1328. react
1329. realistic
1330. reality
1331. realize
1332. reap
1333. reason
1334. reasonable
1335. recall
1336. receipt
1337. recent
1338. recharge

1339. reckless
1340. recognize
1341. recommend
1342. recover
1343. recreate
1344. recruit
1345. recycle
1346. reduce
1347. refer
1348. reference
1349. refine
1350. reflect
1351. reform
1352. refresh
1353. refund
1354. refuse
1355. regard
1356. region
1357. register
1358. regret
1359. regular
1360. regulate
1361. reinforce
1362. reject
1363. relate
1364. related
1365. relationship
1366. relative
1367. release
1368. relevant
1369. relief
1370. relieve
1371. religion
1372. religious
1373. rely
1374. remain
1375. remark
1376. remarkable
1377. remember
1378. remind
1379. remote
1380. remove
1381. renew
1382. repair
1383. repeat
1384. repeatedly
1385. replace
1386. reply
1387. represent
1388. representative
1389. reproduce
1390. republic
1391. reputation
1392. request
1393. require
1394. rescue
1395. research
1396. resemble
1397. resent
1398. reserve
1399. resident

1400. resign
1401. resist
1402. resolution
1403. resolve
1404. resource
1405. respect
1406. respectable
1407. respectful
1408. respective
1409. respond
1410. response
1411. responsible
1412. restore
1413. restrict
1414. retire
1415. reveal
1416. reverse
1417. revise
1418. revive
1419. revolution
1420. reward
1421. rhythm
1422. rid
1423. riddle
1424. risk
1425. ritual
1426. rob
1427. root
1428. rotate
1429. route
1430. routine
1431. row
1432. royal
1433. rub
1434. rubber
1435. rude
1436. ruin
1437. rural
1438. rush
1439. rusty
1440. sacred
1441. sacrifice
1442. safety
1443. sail
1444. satellite
1445. satisfaction
1446. satisfied
1447. satisfy
1448. saving
1449. saw
1450. saying
1451. scale
1452. scatter
1453. schedule
1454. scholar
1455. scientific
1456. scold
1457. scratch
1458. scream
1459. screen
1460. script

1461. seal
1462. secretary
1463. section
1464. secure
1465. security
1466. seed
1467. seek
1468. seize
1469. seldom
1470. select
1471. selective
1472. selfish
1473. senior
1474. sense
1475. sensible
1476. sensitive
1477. separate
1478. sequence
1479. series
1480. servant
1481. serve
1482. session
1483. setting
1484. settle
1485. several
1486. severe
1487. sew
1488. shallow
1489. shame
1490. share
1491. shave
1492. shelter
1493. shift
1494. shock
1495. shoot
1496. shore
1497. shortage
1498. shot
1499. shut
1500. sigh
1501. sight
1502. sightseeing
1503. signal
1504. signature
1505. significant
1506. silence
1507. silly
1508. similar
1509. similarity
1510. simplify
1511. simultaneously
1512. since
1513. sincere
1514. sink
1515. site
1516. situation
1517. skillful
1518. slave
1519. slice
1520. slight
1521. slightly

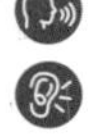

1522. slip	1583. stock	1644. symbol	1705. treat	1766. virtue
1523. slope	1584. stomachache	1645. sympathy	1706. treatment	1767. visible
1524. smoke	1585. stove	1646. symptom	1707. trend	1768. vision
1525. smooth	1586. straighten	1647. system	1708. trial	1769. visitor
1526. sneeze	1587. stranger	1648. tag	1709. tribe	1770. visual
1527. snore	1588. strategy	1649. tale	1710. trick	1771. vital
1528. social	1589. stream	1650. talented	1711. trigger	1772. vivid
1529. soil	1590. strength	1651. tap	1712. troop	1773. vocation
1530. soldier	1591. stress	1652. target	1713. tropical	1774. voluntary
1531. solid	1592. stretch	1653. task	1714. truly	1775. volunteer
1532. solution	1593. strict	1654. tax	1715. trust	1776. wage
1533. somehow	1594. strike	1655. tease	1716. tune	1777. wander
1534. somewhat	1595. string	1656. technical	1717. twist	1778. warn
1535. somewhere	1596. strip	1657. technician	1718. typhoon	1779. waterproof
1536. sore	1597. stripe	1658. technology	1719. typical	1780. wavy
1537. sort	1598. stroke	1659. temper	1720. ultimate	1781. wealth
1538. soul	1599. structure	1660. temperature	1721. unbelievable	1782. weapon
1539. source	1600. struggle	1661. temporary	1722. undergo	1783. weed
1540. southern	1601. studio	1662. tend	1723. underground	1784. weep
1541. sow	1602. stuff	1663. tendency	1724. underwater	1785. weigh
1542. spare	1603. subject	1664. tender	1725. uneasy	1786. whisper
1543. sparkle	1604. subjective	1665. tense	1726. unexpected	1787. whistle
1544. specialize	1605. submit	1666. tension	1727. unfortunately	1788. whole
1545. species	1606. substance	1667. term	1728. unhealthy	1789. widespread
1546. specific	1607. substitute	1668. terrible	1729. unify	1790. wipe
1547. spill	1608. suburb	1669. terribly	1730. union	1791. wisdom
1548. spin	1609. succeed	1670. terrific	1731. unique	1792. wisely
1549. spine	1610. success	1671. territory	1732. unit	1793. withstand
1550. spirit	1611. successful	1672. theme	1733. unite	1794. witness
1551. splendid	1612. successive	1673. theory	1734. universal	1795. wonder
1552. split	1613. sudden	1674. therapy	1735. universe	1796. worship
1553. spoil	1614. suffer	1675. therefore	1736. university	1797. worth
1554. spontaneously	1615. sufficient	1676. thirst	1737. unreasonable	1798. wound
1555. spot	1616. suggest	1677. thoughtful	1738. unusual	1799. wrap
1556. spray	1617. suggestion	1678. thread	1739. upset	1800. yield
1557. spread	1618. suit	1679. threat	1740. upward	
1558. square	1619. suitable	1680. threaten	1741. urban	
1559. squeeze	1620. sum	1681. thrilling	1742. urge	
1560. stable	1621. summarize	1682. throat	1743. urgent	
1561. staff	1622. summary	1683. tide	1744. utilize	
1562. stain	1623. superior	1684. tidy	1745. vacation	
1563. stamp	1624. supervise	1685. tight	1746. valid	
1564. standard	1625. supper	1686. tissue	1747. valley	
1565. stare	1626. supply	1687. tolerate	1748. valuable	
1566. state	1627. support	1688. tomb	1749. value	
1567. statement	1628. suppose	1689. tone	1750. variable	
1568. station	1629. surface	1690. totally	1751. variety	
1569. statue	1630. surgery	1691. tough	1752. various	
1570. status	1631. surprisingly	1692. trace	1753. vary	
1571. steady	1632. surround	1693. tragedy	1754. vast	
1572. steal	1633. survey	1694. tragic	1755. vehicle	
1573. steel	1634. survive	1695. trail	1756. version	
1574. steep	1635. suspect	1696. trait	1757. vertical	
1575. stem	1636. suspend	1697. transfer	1758. vet	
1576. stereotype	1637. suspension	1698. transform	1759. via	
1577. stick	1638. sustainable	1699. translate	1760. victim	
1578. sticky	1639. swallow	1700. transmit	1761. victory	
1579. stiff	1640. swear	1701. transport	1762. violate	
1580. stimulate	1641. sweat	1702. transportation	1763. violence	
1581. sting	1642. sweep	1703. trap	1764. violent	
1582. stir	1643. switch	1704. treasure	1765. virtual	